Karsten „Ted" Aschenbrandt/Rudolf Jaeger

DAS GROSSE
SMOKER-BUCH

Grilltechniken & Rezepte

HEEL

DAS GROSSE

Karsten „Ted" Aschenbrandt/Rudolf Jaeger

SMOKER-BUCH

Grilltechniken & Rezepte

Grillsportverein

HEEL

Impressum

HEEL Verlag GmbH
Gut Pottscheidt
53639 Königswinter
Telefon: 0 22 23 / 92 30-0
Telefax: 0 22 23 / 92 30-13
Internet: www.heel-verlag.de
E-Mail: info@heel-verlag.de

© 2010 HEEL Verlag GmbH, Königswinter
8. Auflage, 2013

Autoren: Karsten „Ted" Aschenbrandt, Rudolf Jaeger
Grafik: Claudia Renierkens, renierkens kommunikations-design, Köln
Lektorat: Petra Hundacker, Christine Birnbaum

Alle Fotos: WINK PHOTOGRAPHER GmbH, Ramon Wink,
www.winkphotographer.com
Mit Ausnahme von:
Archiv: S. 16
Library of Congress, USA: S. 17, 18, 19
Thosa Trade: S. 22
Rudolf Jaeger: S. 31 (Kasten), 54 (Einklinker)
Stockfood: S. 52
Fotolia: S. 112 (© Stocksnapper), 120 (© davidphotos)
Photocuisine: S. 118-119

Printed in Italy

– Alle Angaben ohne Gewähr –

ISBN 978-3-86852-287-7

Widmung

Wir widmen dieses Buch den zahlreichen BBQ- und Smoker-Fans und -Freunden auf der ganzen Welt, die unermüdlich Rezepte sammeln, verbessern und diese gerne weitergeben. Ohne diese eingeschworene Gemeinde und ihren Zusammenhalt wäre es gar nicht möglich, so viele verschiedene köstliche Gerichte umzusetzen.

Smoken heißt nicht nur Essen, sondern Freunde finden, sich austauschen und ein Stück Lebensqualität genießen.

Herzlich Willkommen in unserer (und hoffentlich jetzt auch Ihrer) BBQ-Welt!

Inhalt

Farmer FG 70

Joe's Smoker Chuckwagon 16"

Farmer FG 40

Bos Food Smoker 24"

Weber Smokey Mountain

Apollo Wasser-Smoker

Weber Performer

Louisiana CS 450

Big Green Egg

TEIL 2: DIE GERICHTE

Inhalt

TEIL 3: DER ANHANG   136

Bratwurst mit Senf – das war bis vor wenigen Jahren noch untrennbar mit der Vorstellung vom Grillen verbunden. Und das nicht nur in Deutschland, sondern europaweit. Von dieser Wahrnehmung sind wir heute glücklicherweise Lichtjahre entfernt und das Grillen erfreut sich stetig wachsender Beliebtheit. Ein Grund für die Popularität ist sicherlich der Umstand, dass das Grillen eine ungeheuer kommunikative Art der Nahrungsmittelzubereitung ist.

So ist es nicht weiter verwunderlich, dass auch das Smoken immer größeren Anklang findet. Diese Niedriggarmethode, die in den Staaten bereits seit Jahrhunderten praktiziert wird, begeistert zunehmend die Grillfans im „Alten Europa". Wer die Gelegenheit hatte, sich vom herausragenden Geschmack des „low and slow" zu überzeugen, wird sicherlich schnellstmöglich im heimischen Garten nach dem geeigneten Stellplatz für einen Smoker Ausschau halten.

Die Hersteller von Grillgeräten und Smokern haben die wachsende Nachfrage genutzt und ihre Produktpalette entsprechend erweitert. So stehen inzwischen die verschiedensten Smoker in unterschiedlichen Preiskategorien zur Auswahl – natürlich mit der entsprechenden Auswahl an Zubehör.

Auch Fleischlieferanten und Metzgereien sind die speziellen Wünsche von Smokerfreunden nicht mehr ganz so fremd. Immer öfter bekommt man nun auch ausgefallene Fleischschnitte und -sorten, die sich besonders gut zum Smoken eignen.

Unsere Begeisterung für das Smoken reicht zurück in die Zeit, zu der es noch ein richtiges Orchideenthema war. Wir kennen alle Facetten des Smokens und Grillens und freuen uns, dass wir nun das, was wir über die Jahre hinweg an Wissen zusammengetragen haben, im ersten deutschen Smokerbuch für alle Smokerfreunde zugänglich machen können.

Wir wünschen Ihnen Muße und Zeit, gute Gesellschaft und kundige Gäste und natürlich viel Vergnügen beim Nachsmoken unserer Rezepte.

Karsten „Ted" Aschenbrandt und Rudolf Jaeger
Sommer 2010

Teil 1
DER SMOKER

- Eine kurze Geschichte des Barbecues
- Smoker – Eine kleine Gerätekunde und Tipps für die Wartung
- Treibstoff
- Zubehör

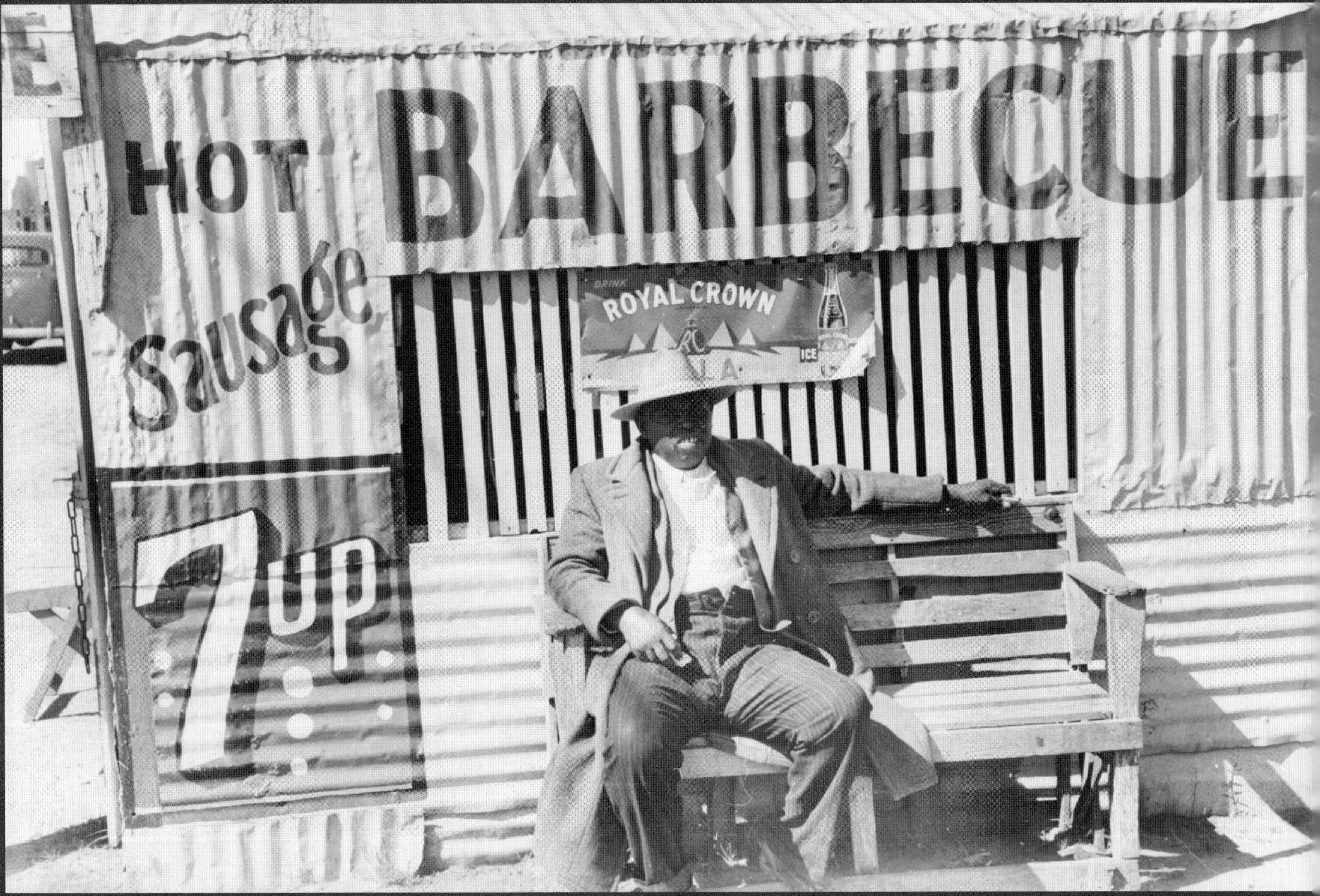
HOT
BARBECUE
Sausage
7up
DRINK
ROYAL CROWN
ICE

EINE KURZE GESCHICHTE DES BARBECUES

Es knistert und brutzelt. Der Duft von saftigem Fleisch erfüllt die Luft, in geselliger Runde wird erzählt und gescherzt. Das Barbecue und damit die immer beliebter werdenden Smoker haben vor längerer Zeit Einzug in unsere Breiten gehalten und mit ihnen eine neue Epoche der Gemütlichkeit und des guten Essens.

Barbecue und Grill
sind zwei Paar Schuhe

Oftmals wird Barbecue als Synonym für das Grillen verwendet. Der wesentliche Unterschied liegt aber in der Garmethode selbst. Während Grillfleisch aus sehr kleinen Stücken besteht und über der Glut bei einer Temperatur von etwa 200 bis 300 Grad gegart wird, werden beim Barbecue die erheblich größeren Fleischstücke (teilweise sogar ganze Tiere) durch heißen Rauch gegart, dessen Temperatur zwischen 90 und 160 Grad liegt. So kann es durchaus vorkommen, dass ein Fleischstück bis zu 20 Stunden benötigt, bis es verzehrt werden kann.

Barbecue – oder schlicht BBQ – und Smoken sind untrennbar miteinander verbunden. Aber woher stammt der Begriff „Barbecue" und was bedeutet er genau?

Viva la Barbecue – So fing alles an

Der genaue Ursprung des Begriffs „Barbecue" ist nicht eindeutig geklärt. Einer Theorie zufolge reichen die ältesten Aufzeichnungen, die sich mit dem Begriff „Barbecue" befassen, bis in das frühe 15. Jahrhundert zurück und stammen von spanischen Entdeckern, die die Karibik bereisten. Sie beobachteten und dokumentierten Einheimische beim Garen von Fleisch, das sich auf Gerüsten aus Stöcken über und neben einer offenen Feuerstelle befand. Diese besondere Garmethode war zur Zeit der Eroberung Amerikas durch die Spanier bereits in der Karibik sowie die gesamte Festlandküste entlang bis nach Brasilien bekannt. Die Einheimischen verwendeten Agaven- und Bananenblätter, die sie um das Fleisch wickelten und dadurch einen exotischen Geschmack erzielten. Das Fett wurde nach dem Garvorgang als Suppe für die Vorspeise genutzt. Die Spanier waren an der weiteren Entwicklung des BBQs beteiligt, da sie das Schweinefleisch in Amerika etablierten, dessen Kultstatus beim BBQ bis heute ungebrochen ist. Vor dem Einzug des Schweinefleisches bedienten sich die Einheimischen vor allem Reptilien (insbesondere Schlangen) sowie Fischen, Nagern und Vögeln. Die Eingeborenen bezeichneten die Holzkonstruktion mit dem Wort „Barbacòa", was sich in der Folge schnell zum geflügelten Wort entwickelte. Erstmals offiziell genannt wird die Bezeichnung „barbecue" 1661 im „Oxford English Dictionary", in dem es zuerst lediglich das Holzgerüst, später die Mahlzeit an sich beschreibt.

Die erste belegte Verwendung des Begriffs „Barbecue" fällt mit der Erwähnung im „Oxford English Dictionary" zusammen. In Edmund Hickeringills Abhandlung „Jamaica Viewed" findet sich folgender Satz:

„Animals are slain, And their flesh forthwith Barbacu'd and eat."
„Tiere werden getötet und ihr Fleisch wird sofort gegrillt und gegessen."

Barbecue als Präsidenten-Essen

1733 bediente sich Benjamin Lynde und später auch die amerikanischen Präsidenten George Washington und Thomas Jefferson dem Begriff des Barbecues, um ihre traditionellen Festivitäten zu beschreiben. Das BBQ als Siegesfeier war mehrere Jahrzehnte bei den amerikanischen Präsidenten beliebt. 1923 veranstaltete Jack C. Walton, Präsident des Staates Oklahoma, ein opulentes BBQ mit 289 Rindern, 70 Schweinen, 36 Schafen, 2540 Kaninchen, 134 Opossums, 15 Rehen, 1427 Hühnchen und einer Antilope.

Einer anderen Theorie zufolge leitet sich Barbecue von der französischen Wendung „barbe à queue" ab, was soviel wie „Vom Bart zum Schwanz" bedeutet und das Garen von ganzen Tieren bezeichnet. Eine weitere mögliche Erklärung des Wortursprungs verbindet die englische

und die französische Definition. 1829 bezeichnete der „National Intelligencer" die Anhänger von Präsident Andrew Jackson als „Barbacus", weil sie ihrem Anführer treu ergeben waren und alles erdenklich Gute für ihn taten, um ihn zu unterstützen und ein angenehmes Leben zu bereiten. Im Englischen gibt es für derartige Opferbereitschaft eine Redewendung, die in der deutschen Sprache jedoch kein Äquivalent findet: „Going the whole hog, from the beard (barbe) to the tail (queue)."

Der Begriff Barbecue taucht von diesem Zeitpunkt an immer wieder an den unterschiedlichsten Schauplätzen der Weltgeschichte auf. Gemeint ist dabei immer dasselbe: Das Garen von Fleisch oder anderen Lebensmitteln bei geringer bis mittlerer Hitze.

An welche Entstehungsgeschichte man nun glauben mag und ob man das ausgeschriebene Barbecue, die Abkürzung BBQ oder das minimalistische Q als Bezeichnung des Ganzen bevorzugt, hat glücklicherweise keinen Einfluss auf das Ergebnis und liegt einzig im Auge des Betrachters.

Grubenschweine

Seinen großen Durchbruch feierte das BBQ um 1800 zur Zeit der Plantagen im Süden der USA. Unzählige Menschen waren hier Tag für Tag mit harter Arbeit beschäftigt und mussten mit wenig Aufwand möglichst unkompliziert ernährt werden. So fand das langsame und wenig arbeitsintensive Garen immer größere Verbreitung. Hauptzutat für diese klassischste Form des BBQ waren Schweine, die leicht zu züchten, alles fressen und durch ihr Fett sehr nahrhaft sind. Bis heute ist die Beliebtheit dieser Tiere beim BBQ ungebrochen.

Die Technik macht's

Die ursprüngliche Technik des BBQs unterschied sich jedoch von den später populären Holzkonstruktionen. Der große Arbeitsaufwand und die hohe Brenngefahr verlangten eine andere Umsetzung. Zuerst wurde eine Grube oder ein Graben (engl. „pit") ausgehoben. In dieser circa ein Meter breiten und einen halben Meter in den Boden reichenden Vertiefung (die Länge richtete sich nach der Menge der Esser) wurde ein Holzfeuer entfacht und heruntergebrannt, bis ein gleichmäßiges Glutbett entstand. Die Schweine, ausgenommen und aufgespreizt, wurden auf Stecken und Latten gespannt und über diese Gruben gelegt. Ein Pitmaster sorgte durch Nachlegen von Feuerholz für eine gut verteilte und nicht zu heiße Glut.

So war es durchaus möglich, abzüglich der Vorbereitungen, 15 bis 20 ganze Schweine mit nur einer Arbeitskraft zu garen. Nach 16 bis 20 Stunden über niedriger Temperatur war das Fleisch so weich, dass man es ohne große Mühe vom Knochen zupfen konnte. Ein Zerlegen oder ähnliches war überflüssig. Mit einer Sauce, meist auf Essig- und Wasserbasis, hatte man so genug Fleisch, um Arbeiter und Sklaven zu versorgen.

Einzug in die privaten Gärten

Nicht wenige fanden Gefallen an dieser Art der Nahrungsaufnahme und praktizierten sie auch zu Hause. Man traf sich abends zum BBQ im eigenen Garten oder auf einer Wiese. So zogen die ersten „Grubenschweine" in die Privathaushalte der Südstaatler ein. Dabei zeigten sich die Anhänger der leckeren Grillmethode durchaus kreativ. War der eigene Garten für ein großes Loch zu klein, so musste auch einmal eine Wanne herhalten.

Made in Germany

Auch wenn die Herkunft des Begriffs BBQ sich geografisch nicht eindeutig zuordnen lässt, weiß man, wer die Pionierarbeit für die Verbreitung und die Verfeinerung des BBQs geleistet hat: Auswanderer mit deutschen Wurzeln.

Weil die ersten, die das notwendige Fleisch zum Barbecue verkauften, zwangsläufig Geschäfte eröffnen und Steuern zahlen mussten, sind von diesen Vorreitern des BBQs Namen bekannt. Dazu gehören unter anderem George Ridenhour, Sid Weaver, Warner Stamey, Jess Swicegood und John Blackwelder. Familiennamen, die in der alten Welt ursprünglich noch Reitnaur, Weber, Stemme, Schweissgauth und Schwarzwälder hießen und somit auf deutschstämmige Familien verweisen.

Speziell Schweinefleisch galt in allen deutschsprachigen Ländern als das Fleisch der Arbeiterklasse. Da die meisten Einwanderer in Amerika dieser Schicht angehörten, kannten sie sich mit dessen Zubereitung bestens aus und gaben ihr fundiertes Wissen an ihre nachfolgenden Generationen weiter. Fleisch in Lake einzulegen, also zu „brinen", war für die Metzger unter den deutschen Einwanderern und deren Erben ebenso Routine wie das Räuchern. Ideale Voraussetzungen also, um das „herkömmliche" Barbecue aufzuwerten und zu perfektionieren.

Im Laufe der Zeit bildeten sich dabei nationale Spezialitäten heraus. So gilt die Schulter mittlerweile als das Teilstück für Pulled Pork („gerupftes Schwein"). Ihr Fett gibt Saftigkeit und sorgt für eine sehr gute Aufnahme des Rauchgeschmacks. Die deutschen Metzger nahmen damals das aus ihrer Sicht beste Stück, Schäufele oder auch Schaufelbraten genannt, und bereiteten es nach der landestypischen Art zu. Die richtige Mischung aus alter deutscher Fleischerkunst und der traditionellen Hog-Cooking-Kultur der Südstaaten bereitete die Basis des heutigen BBQs.

Piedmont-Style: Barbecue als Kassenschlager

Anfang des 20. Jahrhunderts schossen plötzlich in den Bergen des Piedmont, genauer in Lexington und Salisbury, nahe der Ostküste der USA, die ersten BBQ-Verkaufsbuden wie Pilze aus dem Boden. An diesen kleinen Ständen wurde das Fleisch sowohl traditionell auf dem Teller als auch im Sandwich verkauft. Die Betreiber mischten erstmals Ketchup in die herkömmliche Essigsauce und nahmen ausschließlich einzelne Teilstück vom Schwein, genau wie ihre deutschen Vorreiter. Das fertige Fleisch wurde in Scheiben geschnitten, gerupft oder klein gehackt serviert.

Das erste professionelle Barbecue-Restaurant datiert auf das Jahr 1920. Warner Stamey eröffnete es in Lexington, North Carolina, und zeigte sich von Beginn an experimentierfreudig. Und so traf beispielsweise eine andere Spezialität der Südstaaten, kleine, frittierte Teigbällchen namens Hushpuppies, auf deftiges Barbecue-Fleisch.

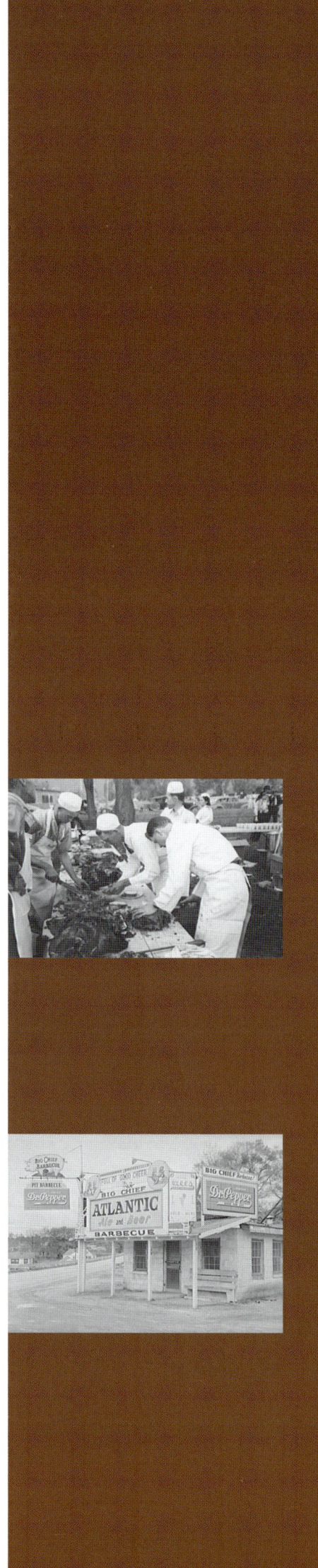

Die sich schnell weiter verbreitenden Restaurants verdrängten die Imbissbuden allerdings nicht. Im Gegenteil: Mit der Erfindung des Autos etablierten sich die kleinen Buden am Straßenrand, gut gegrilltes Fleisch „to go" wurde mindestens ebenso beliebt wie der klassische Hot Dog. J. G. Kirby gründete 1921 die „Pig Stands Company", die über 100 Barbecue-Stände, insbesondere im Süden und Südwesten der USA, vertrieb. Mit dem Zuwachs großer internationaler Fast-Food-Ketten fand Jahrzehnte später die erste Blütezeit des BBQs jedoch ihr Ende.

Das typische Barbecue-Restaurant ist …

Das Ende der Barbecue-Stände in den Südstaaten der USA bedeutete aber nicht das Aus für die zahlreichen Barbecue-Restaurants. Diese sind jedoch mit Ausnahme von Memphis und Kansas City heute vorrangig in ländlicheren Gegenden angesiedelt. Durch die recht starken regionalen Unterschiede haben die Restaurants ein ganz besonderes Ambiente, sowohl im Hinblick auf die Zutaten als auch hinsichtlich der Zubereitung. Dieses wirkt sich mitunter recht chaotisch aus. Edith Mayo beschreibt in ihrem Werk „American Material Culture" ein solches typisches Barbecue-Restaurant folgendermaßen:

„These are often barbecue eateries identified by torn screen doors, scratched and dented furniture, cough syrup calendars, potato chip racks sometimes a jukebox, and always a counter, producing an ambience similar to a county-line beer joint."
„Zerrissene Fliegengitter, verbeulte Möbel, Regale mit Kartoffelchips und natürlich die obligatorische Jukebox. Das war sicherlich nicht jedermanns Sache, aber die Restaurants erfreuten sich dennoch immer größerer Beliebtheit."

Smoker weltweit

Kleine Mengen machen flexibel und mobil

Für ein klassisches, traditionelles Südstaaten-Barbecue wird ein ganzes Tier und ein großes Loch im Boden benötigt. Mit der Teilstücktechnik lassen sich auch kleinere Stücke zubereiten und verzehren. Ein kleineres Stück Fleisch, wie beispielsweise eine Schulter oder ein Nacken bis fünf Kilogramm Gewicht, können auch sehr gut in einem kleinen Gerät zubereitet werden – dem Smoker. Wer ihn erfunden hat, ist nicht eindeutig geklärt. Schon vor 3000 Jahren kochten die Chinesen mit Räucherzusätzen und bei niedrigen Temperaturen. Mit Sicherheit lässt sich aber feststellen, dass die Popularität dieser Garmethode durch die Besiedelung des Westens der USA eingeleitet wurde und von dort ihren Siegeszug um die Welt antrat.

In den verschiedenen Regionen der USA angekommen, wurden die Smoker nach und nach auch mit regionalen Produkten bestückt. So fanden beispielsweise in Texas Rindfleischstücke ihren Weg in den Rauch.

Brisket (Rinderbrust) sowie zähes Suppenfleisch erwiesen sich als perfekt für den Smoker und sind heute nicht mehr aus der Liste der Rezepte wegzudenken. Ribs (Schweinerippen) sind neben Brisket, Schweineschulter und -nacken die vierte große Säule des klassischen BBQs. Auch mit Geflügel und anderen Fleischsorten wurde experimentiert, und mittlerweile gibt es kaum noch Zutaten, die nicht gesmoked werden können – und das auf der ganzen Welt!

SMOKER –
EINE KLEINE GERÄTEKUNDE
UND TIPPS
FÜR DIE WARTUNG

Eigentlich möchte man annehmen, dass schon ein ganz normaler Backofen genügt, um Fleisch bei niedriger Temperatur zu garen. Prinzipiell ist das auch richtig, aber spätestens, wenn Rauch ins Spiel kommt, stößt man mit dem Backofen an seine Grenzen. Man braucht dazu ein Gerät, das Rauch erzeugt, also im Freien stehen muss, und dabei unabhängig vom Wetter zuverlässig funktioniert.

Genau das leistet ein Smoker. Sein Aussehen ist modellabhängig, das Wirkungsprinzip aber immer gleich: Getrennt vom Gargut wird eine trockene Hitze erzeugt, die gleichmäßig an diesem vorbeiströmt. In dieser Hitze, die mit Rauch angereichert ist, der beim Verbrennen von Holz entsteht, gart das Fleisch über lange Zeit bei Temperaturen um die 110 °C und wird wunderbar zart und saftig. Wo diese Hitze erzeugt wird, wie die Luftströme verlaufen und welcher Brennstoff Verwendung findet, hängt von der Art des Smokers ab.

Die Palette der angebotenen Smoker wird stets umfangreicher, und so ist es kein Problem, für alle Vorlieben und Geldbeutel das entsprechende Gerät zu finden. Es gibt viele Smoker-Fans, die sich mit Metallbauarbeiten bestens auskennen und ihre Smoker deshalb selbst bauen. Das spart Geld und das Ergebnis hat eine ganz persönliche Note.

Offset- oder Barrel-Smoker

In den letzten Jahren kamen in Europa immer mehr Offset-Smoker auf den Markt. Für diese Art der Smoker gibt es zwei Bezeichnungen. Offset-Smoker heißt, dass die Brennkammer, in der ein Holzfeuer die Hitze erzeugt, versetzt zur Garkammer, dem Pit, liegt. Deswegen ist der richtige Name dafür Sidefirebox. Ob sie rechts, links, mittig oder darunter sitzt, ist egal. Der Name Barrel-Smoker nimmt Bezug auf die zylindrische Röhrenform dieses Smokertyps, der oft aus einem Rohr hergestellt wird. Wichtigstes Merkmal ist auf jeden Fall, dass dieser Smoker getrennte Kammern hat.

Neben den klassischen dickwandigen Offset-Smokern ab vier Millimeter Wandstärke werden heute auch sehr günstige Einsteigermodelle angeboten, die aus wesentlich dünnerem Blech gefertigt sind. Diese verfügen allerdings auch nicht über die Qualität und Hitzespeicherfähigkeit wie ihre deutlich massiveren Vorbilder, sind dementsprechend kurzlebig und reagieren empfindlich auf Wettereinflüsse. Barrel-Smoker haben meistens zwei Räder und zwei Beine und lassen sich je nach Gewicht mit mehr oder weniger Kraftaufwand bewegen.

Speziell für den Cateringbereich gefertigte Smoker sind dagegen nicht selten fest auf Kfz-Anhängern montiert. Das ermöglicht die nötige Mobilität für den Einsatz außer Haus. Die Modellpalette umfasst Geräte mit und ohne Garturm und Gewichtsklassen von unter 100 Kilogramm bis über eine Tonne. Wer einen ausreichend großen Garten besitzt, kann sich auch eine BBQ-Lokomotive als Unikat mit Kohletender, Speisewagen und den passenden Schienen bauen lassen. Der Trend, solche Offset-Smoker selbst zu bauen, ist ungebrochen und in diversen Grillforen weltweit kann man so manchen Eigenbau bewundern.

Die Funktionsweise der Smoker ist einfach und effektiv. Die durch das Feuer in der Sidefirebox, also der seitlich versetzten Brennkammer, erzeugte Hitze und damit auch der Rauch ziehen durch die Garkammer, den Pit, ab und strömen so gleichmäßig um das Gargut. Um einen dezenteren Rauchgeschmack zu erreichen, kann der Deckel der SFB leicht geöffnet werden, so geht ein Teil des Rauchs direkt nach oben ab und entsprechend weniger Rauch strömt in die Garkammer.

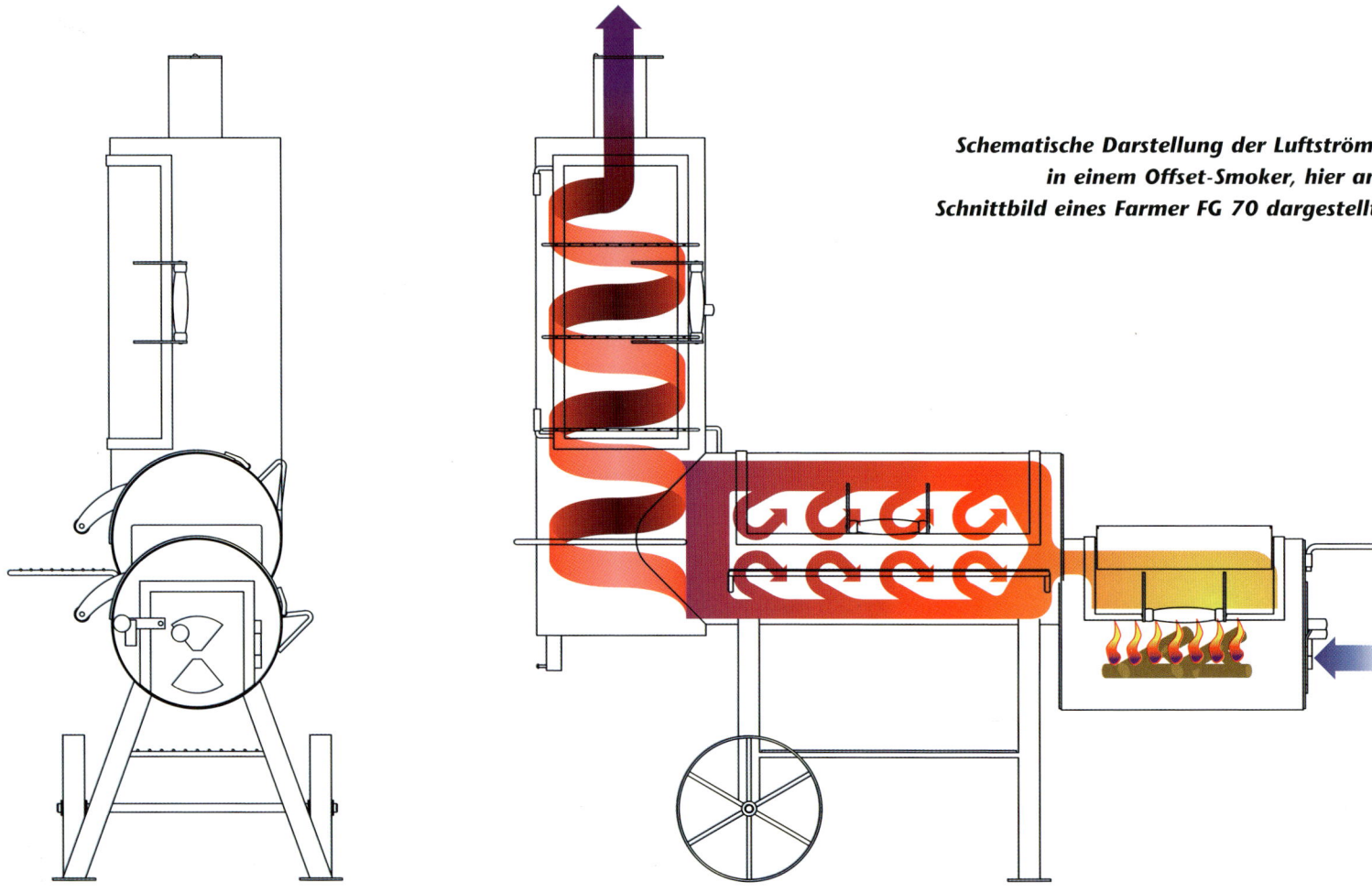

Schematische Darstellung der Luftströme in einem Offset-Smoker, hier am Schnittbild eines Farmer FG 70 dargestellt.

und ihre Eigenschaften

Neben dem hier im Buch vorgestellten Barbecue kann ein Smoker auch mit höheren Temperaturen zum Backen, Schmoren oder Braten eingesetzt werden. Die Temperatursteuerung wird hauptsächlich über die Größe des Feuers und die Stellung der Zuluftklappen an der Sidefirebox vorgenommen. Grundsätzlich gilt: Ein großes Feuer mit viel Luft ergibt große Hitze und umgekehrt. Das große Gewicht vieler Offset-Smoker resultiert aus der hohen Wandstärke der verwendeten Stahlrohre. Die Stahldicke und die damit einhergehende Masse dieser Smoker sind entscheidend für Windempfindlichkeit, Temperatur-

schwankungen und Hitzespeicherung. Sie sorgt für den nötigen Wärmepuffer und nur durch diese Masse ist es möglich, einen so großen Smoker mit wenig Brennstoff konstant auf Temperatur zu halten.

Modelle wie der Farmer FG 70 sowie der Joe's Smoker Chuckwagon eignen sich aufgrund ihrer sehr großen Grillfläche von über einem Meter Länge im Garraum schon gut für den Gastrobereich. Mit einer Materialstärke von über fünf Millimetern kommen die mit Räucherturm ausgestatteten Smoker auf über 200 Kilogramm.

Farmer FG 70

Joe's Smoker Chuckwagon 16"

Hitzeleitblech zur besseren Wärmeverteilung im Smoker

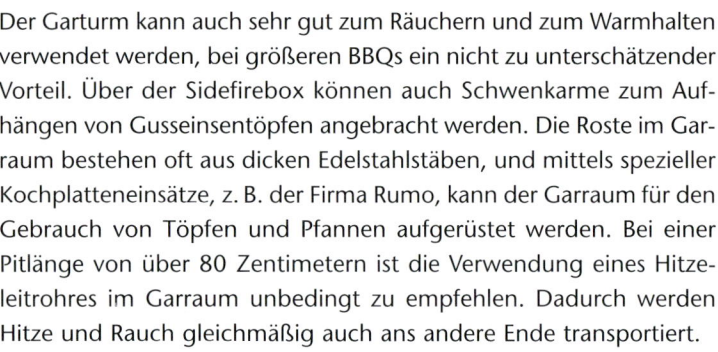

Der Smokerturm als Warmhaltefläche

Der Garturm kann auch sehr gut zum Räuchern und zum Warmhalten verwendet werden, bei größeren BBQs ein nicht zu unterschätzender Vorteil. Über der Sidefirebox können auch Schwenkarme zum Aufhängen von Gusseinsentöpfen angebracht werden. Die Roste im Garraum bestehen oft aus dicken Edelstahlstäben, und mittels spezieller Kochplatteneinsätze, z. B. der Firma Rumo, kann der Garraum für den Gebrauch von Töpfen und Pfannen aufgerüstet werden. Bei einer Pitlänge von über 80 Zentimetern ist die Verwendung eines Hitzeleitrohres im Garraum unbedingt zu empfehlen. Dadurch werden Hitze und Rauch gleichmäßig auch ans andere Ende transportiert.

Auf den Deckeln der Sidefireboxen finden sich oft aufgeschweißte Kochplatten – hier können bei Bedarf Pfannen und Töpfe platziert werden. Durch das darunter brennende Feuer entsteht die richtige Hitze zum Braten oder Kochen. Für den Hausgebrauch eignen sich kleinere Smoker ohne Räucherturm mit geringerer Grillfläche wie z. B. der FG 40 von Farmer. Mit diesem Modell kann man circa zehn Personen gut bewirten. Auch beim Anschaffungspreis bewegt man sich hier noch in moderaten Dimensionen, wenn man dagegen rechnet, dass die Lebensdauer eines Smokers viele Jahrzehnte beträgt. Ein weiterer Vorteil dieser Smoker ist die Tatsache, dass man sie im Garten oder auf der Terrasse noch gut bewegen kann und sie nicht soviel Platz benötigen wie die großen Modelle. Bei den Premium-Herstellern gehören auch gummierte Räder dazu und im Handel finden sich selbst spezielle Smokermatten, die als Tropfunterlage dienen.

Bos Food Smoker 24"

Farmer FG 40

Egal, für welches Modell man sich entscheidet, es ist wichtig, auf sauber verschweißte Nähte und einen dicht schließenden Deckel zu achten. Als Verschleißteile sind beim Smoker nur die Kohlenroste und die oft aus Holz gefertigten Griffe zu nennen, die sich leicht ersetzen lassen. Hartholzgriffe halten witterungsbedingt länger als Weichholzgriffe – Spiralfedern aus Metall sind hier eine langlebige Lösung. Diese müssen allerdings bei einem Metallbauer eigens gefertigt werden. Durch einen zusätzlichen Seitenarbeitstisch kann man die Ablagefläche erweitern, die meisten Modelle verfügen aber schon über eine Ablage vor dem Pit.

Den Bos Food Smoker 24 Zoll kann man mit Fug und Recht als XXXL-Smoker bezeichnen. Mit einem Gewicht von über einer Tonne ist er das Schwergewicht unter den von Hand gefertigten Modellen in Deutschland. Er verfügt über drei fest verbaute Thermometer, einen Pit mit Doppelklappen inklusive Gegengewichten und eignet sich auch für BBQs mit mehreren hundert Gästen.

Wenn es einmal schnell gehen soll oder der Hunger beim BBQ schon früh einsetzt, eignet sich der Rost der Sidefirebox ideal als Direktgrill für Steaks, Burger oder Würstchen. Im Rezepteteil findet sich eine Sammlung solcher Zwischengerichte im Kapitel „Snacks" ab der Seite 124.

Steaks aus der Sidefirebox

Water- oder Bullet-Smoker

Für einen preisgünstigen Einstieg in die Welt des Smokens eignen sich auch aufgrund ihres geringen Gewichtes und Platzbedarfes sogenannte Water- oder Bullet-Smoker. Diese Smoker kennzeichnet die Nutzung von nur einer Kammer und die dünne Außenwand aus Stahlblech. Hitzeerzeugung, Wärmepuffer, Be- und Entlüftung und schließlich das Gargut selbst, alles findet unter einem Deckel seinen Platz. Bei diesen Modellen wird die nötige Hitze mit Briketts in einem Kohlekorb erzeugt. Darüber befindet sich eine Wanne, die mit Wasser gefüllt wird und zum Speichern der Wärme dient. Diese Wanne gibt dem Water-Smoker seinen Namen, kann aber genauso gut mit Sand, Kies oder Steinen befüllt werden, dann spart man sich das Nachfüllen von Wasser. Der Name Bullet-Smoker verweist auf die Form des Smokers, die manchmal an eine Pistolenkugel erinnert. Mithilfe des Wärmespeichers durch Wasser oder Steine kann problemlos über viele Stunden eine gleichmäßige Hitze gehalten werden. Deswegen ist dieser Smoker optimal geeignet für BBQs, die über Nacht andauern. Water-Smoker laufen bis zu 25 Stunden ohne Wartung oder Nachlegen von Brennstoff.

Wenn Steine, Kies oder Sand als Alternative zu Wasser verwendet werden, müssen diese wegen des herabtropfenden Fettes sorgfältig mit Aluminiumfolie abgedeckt werden. Die angebrachten Türen dienen zum Nachfüllen von Wasser und Brennmaterial und zur Temperaturmessung des Grillgutes.

Zwischen Wasserwanne und Innenwand befindet sich bei allen Bullet-Smokern nur ein kleiner, ringförmiger Spalt, der Hitze und Rauch nach oben durchlässt. Die direkte Hitze der Briketts, mit denen ein Water-Smoker in der Regel betrieben wird, ist dadurch abgeschirmt. Die Luftzirkulation kann durch die Lüftungsöffnungen am Deckel und unter den Kohlen reguliert werden. Auch hier gilt: Je weiter die Lüftungen geöffnet sind, desto mehr Sauerstoff trifft auf die Glut und umso höher klettert die Temperatur im Smoker. Über der Wasserwanne sitzt der Rost, auf den das Gargut gelegt wird. Darüber ist meist ein weiterer Grillrost angebracht, durch den sich die Kapazität des Smokers verdoppelt.

Im Deckel befindet sich häufig noch eine Reling, in die Fischhaken eingehängt werden können, das macht diese Smoker auch für Angler sehr attraktiv.

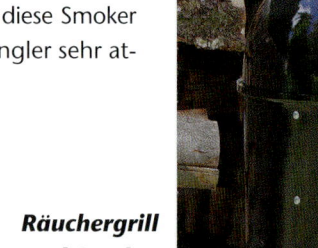

Räuchergrill und Smoker

Weber Smokey Mountain

Einige Water-Smoker-Modelle verfügen über ein Stacksystem, das den Smoker durch eine modulare Aufbauweise vielseitig verwendbar macht. Die untere Halbkugel kann dann auch als normaler Kugelgrill beispielsweise zum direkten oder indirekten Grillen verwendet werden. Im nächsten Stackmodul ist die Wasserwanne zum Speichern der Wärme und der untere Rost verbaut. In den folgenden Modulen befindet sich dann nur noch jeweils ein Rost. Mit bis zu drei Modulen kann man die Fläche also auf den momentanen Bedarf anpassen.

Als sehr zuverlässige und stabile Geräte haben sich in Deutschland der Weber Smokey Mountain Cooker und der Napoleon Apollo durchgesetzt.

Innenleben des Wasser-Smokers mit zwei Rostebenen

Wasser-Smoker mit Stacks (Module mit Überwurfschnallen)

Der Apollo Wasser-Smoker

Die Minion-Methode

Bei Wasser-Smokern ist die von Jim Minion entwickelte Heizmethode besonders interessant und effektiv. Sie eignet sich insbesondere für lange BBQs, die sich über sechs bis 20 Stunden erstrecken. Gerade für das über Nacht angelegte BBQ bietet sich diese Art besonders an. Der Aufbau für die Minion-Methode ist schnell und einfach hergerichtet und es wird eine konstante Temperatur erreicht, die über lange Zeit gehalten werden kann.

1 Die Briketts werden am besten um eine mittig auf dem Kohlerost stehende, leere Konservendose platziert, die nach dem Einfüllen vorsichtig entfernt wird. In diesem Freiraum finden später die glühenden Kohlen ihren Platz.

2 Nun können Woodchips auf den Briketts verteilt werden. Sie erzeugen den Rauch, der bei einer ausschließlichen Kohlebefeuerung ausbleiben würde.

3 Jetzt werden durchgeglühte Briketts vorsichtig in das Loch (Konservendose) in der Mitte geschüttet. Das Loch sollte flächenbündig gefüllt sein, als Maß für die Brikettmenge kann man gut die leere Dose nutzen.

4 Die glühenden Briketts arbeiten sich nun gleichmäßig über viele Stunden nach außen und lassen nach und nach die Woodchips mit verglühen.

5 Die nächste Ebene, die Wasserwanne, wird aufgesetzt. Als Wärmespeicher wird hier Marmorkies verwendet.

6 Um den Kies vor herabtropfendem Fett zu schützen, deckt man ihn mit Alufolie ab.

7 Das Grillgut kann nun auf die Roste gelegt werden.

Kugelgrill als Smoker

Auch Weberkugelgrills mit 57 und 67 Zentimetern Durchmesser können mit dem sogenannten Smokenator als kleiner, funktionsfähiger Smoker genutzt werden. Der Einsatz aus Edelstahl wird einfach seitlich im Kugelgrill befestigt, dabei rastet er im Kohlerost und zwei der vier Grillrosthalterungen ein. Auf der Oberseite befinden sich zwei Löcher zur Nachfeuerung, die gleichzeitig die Hitze und den Rauch in die Kugel strömen lassen, und eine Wasserwanne. Wird diese Wanne gefüllt, fängt das Wasser darin an zu kochen. Dieser Teil der Energie heizt also nicht die Kugel auf, sondern wird vom Wasser absorbiert. Das hat zur Folge, dass die Kugel auf kleiner Temperatur läuft, was beim Smoken die Hauptsache ist.

**Smokenator Einsatz
für Weberkugelgrills**

Weber Performer

Holzpellet-Smoker

Steuerungskasten mit Pelletfüllung

Louisiana CS 450

In ihren Herkunftsländern Kanada und USA sind Pellet-Smoker schon lange weit verbreitet, während sie in Europa noch relativ neu und unbekannt sind. Die aus Sägespänen hergestellten Holzpellets zum Befeuern sind besonders umweltschonend und auch hierzulande durch die Verbreitung der Holzpelletheizungen fast überall relativ günstig erhältlich. Für den Pellet-Smoker kommen jedoch nur Harthölzer zum Einsatz. Die Hersteller von Pellet-Smokern bieten verschiedene, speziell zum BBQ angebotene Aromapellets aus Hickory, Mesquite, Kirschbaum und vielen anderen Holzarten, die für den nötigen Rauchgeschmack sorgen. Der besondere Reiz an diesen Smokern liegt an der selbstständig laufenden Befeuerung, je nach Pelletvorratskorb über acht Stunden hinweg.

Ein ständiges Nachlegen von Brennholz entfällt und der Smoker funktioniert durch den Einsatz einer Förderschnecke fast von alleine. Der archaische Umgang mit Holz und Feuer wird hier einer Maschine überlassen – das ist Geschmackssache. Der ständig laufende Lüfter im Steuerungskasten sorgt für eine konstante Durchlüftung der Garkammer und versorgt die Glut mit Sauerstoff. Im Vergleich zu ihren dickwandigen Kollegen haben Pellet-Smoker aus Stahlblech ein geringes Gewicht und benötigen nur wenig Stellfläche. Dadurch sind sie auch auf kleinstem Raum, wie z. B. dem Balkon, einsetzbar und lassen sich leicht transportieren. Von Nachteil ist allerdings die Abhängigkeit vom Strom und auch das Laufgeräusch des Lüfters. Allerdings soll es hier bald 12 Volt batteriebetriebene Varianten geben. Der Stromverbrauch von Pellet-Smokern ist allerdings sehr gering und liegt bei etwa 45 Watt/Stunde.

Ein Pellet-Smoker eignet sich genauso zum Räuchern als auch zum BBQ und zum Grillen und ist durch die Steuerung ganz einfach stufenlos auf die gewünschte Temperatur einzustellen. Der Einheizvorgang dauert nur circa 15 Minuten und ähnelt der schnellen Startphase eines Gasgrills. Kleine Pellet-Smoker eignen sich für Familien, für größere Partys oder den Restaurantbetrieb sind Pellet-Smoker mit über 1 qm Grillfläche erhältlich.

Brennstab   **Förderschnecke**
                        im Brennkorb

Keramik-Smoker

Schon vor über 3000 Jahren bauten Chinesen die ersten Keramiköfen. Die Japaner kopierten diese und nannten diese Keramikgrills „Kamado", was frei übersetzt Feuerstelle beziehungsweise Feuerofen bedeutet. Im 2. Weltkrieg brachten die amerikanischen Soldaten diese Kamados aus Japan mit in die USA. Ihre vielfältigen Einsatzmöglichkeiten fanden dort sehr schnell Anklang bei zahlreichen Barbecuefans. Seit ein paar Jahren sind diese dickwandigen Keramikeier auch in Europa erhältlich. Als Marken haben sich Big Green Egg, Monolith und Kamado etabliert. Das Besondere ist die im Innenraum entstehende gleichmäßige Wärmeverteilung und der geringe Brennstoffbedarf bei konstanter Temperatur über sehr viele Stunden, was gerade beim Smoken ein besonderer Vorteil ist. Das Temperaturspektrum reicht von 50–400 °C, was in der äußerst hitzebeständigen Keramik schon nach wenigen Minuten erreicht wird. Ein Keramikgrill kann als Smoker, Backofen oder Grill eingesetzt werden, selbst die Zubereitung von Pizza bei hoher Temperatur ist kein Problem. Das Smoken im Keramikofen ist denkbar einfach, Schieberegler an der Unterseite und die Abluftregulierung ermöglichen eine gradgenaue Temperatureinstellung.

Big Green Egg mit
praktischem Holzgestell

Die Wartung des Smokers

Die Wartung der Smoker ist mit wenig Aufwand verbunden. An den Deckelinnenseiten setzt sich durch die Nutzung eine Rauchpatina fest, vergleichbar mit dem Teestein in der Teekanne, die auch nicht entfernt werden sollte. Dies ist auch der Grund, warum Smoker vom Werk aus an den Innenseiten nicht lackiert werden. Für die Reinigung der Garkammer und der Grillroste genügen eine Drahtbürste und heißes Wasser. Scharfe, umweltschädliche Reinigungsmittel sind nur in sehr seltenen Fällen ratsam, bei äußerst hartnäckiger Verkrustung hilft ein Bratkrustenentferner, der auch im Backofen gute Dienste leistet. Die Garkammer und die Sidefirebox können mit dem Gartenschlauch gereinigt werden. Um Fettreste zu entfernen hilft heißes Wasser und Spülmittel. Danach kann die geöffnete Garkammer austrocknen.

Da Smoker das ganze Jahr über im Freien stehen können, ist es nur eine Frage der Zeit, wann die ersten Flugroststellen auftreten. Das Abdecken mit Planen beschleunigt den Vorgang in der Regel, da die meisten Folien luftundurchlässig sind und sich darunter häufig Schwitzwasser sammelt. Smoker mit vernünftiger Materialstärke ab fünf Millimetern sind durch ihre Materialstärke vor dem Durchrosten ausreichend geschützt und der ansetzende Rost ist eher ein Problem der Optik. Die Roststellen sind schnell mit einer Drahtbürste beseitigt und man kann die Stelle hinterher mit hitzebeständigem Lack (Ofenlack) besprühen. Danach wird die aufgetragene Farbe bei niedriger Temperatur eingebrannt, zu hohe Temperatur verbrennt den Lack.

Eine selbst hergestellte Leinöl-Graphit-Terpentinersatzmischung ist zwar eine Alternative, aber zeitintensiv in der Herstellung und umständlich aufzutragen. Noch dazu ist das Ergebnis im Vergleich zum Spray oft nicht so gut, deshalb empfiehlt sich hier eindeutig das Spray.

Die oft aus Holz gefertigten Griffe benötigen sicherlich die meiste Pflege – Spiralfedergriffe sind hier eine lebenslange Lösung. Die Sidefirebox sollte nach dem Smoken immer von der übrig gebliebenen salzhaltigen Asche gereinigt werden, um so einer Korrosion von innen vorzubeugen.

Der unter der Garkammer an einem Ablaufstutzen angebrachte kleine Eimer für das auslaufende Fett kann einfach gespült werden – und dann ist der Smoker schon wieder bereit für das nächste Barbecue.

Smokereimer am Ablaufstutzen

Flugrost schränkt die Funktionalität nicht ein, ...

... ist jedoch keine Augenweide.

Hier ist Handarbeit angesagt.

TREIBSTOFF

Rauch ist nicht gleich Rauch, auch wenn
es zunächst so scheint, weil außer Holz
und Feuer nichts weiter dazugehört.

Holz

Zum Einheizen eines Smokers ist gut getrocknetes Holz die erste Wahl. Das verwendete Holz sollte zwei bis drei Jahre getrocknet und unbehandelt sein. Der Scheitquerschnitt sollte fünf bis sechs Zentimeter betragen, und eine Länge von circa 25 cm sollte nicht überschritten werden, denn ein feines Dosieren von Rauch und Hitze ist mit großen Holzscheiten sehr schwierig. Neben den verschiedenen Holzsorten kommen auch Holzkohle und Briketts zum Einsatz, zum Teil auch beides kombiniert. Da beispielsweise Water-Smoker ausschließlich mit Briketts befeuert werden, wird der Rauchgeschmack mit Holzchips oder -chunks erreicht, die gewässert in die Glut gegeben werden. Chunks sind grobe Holzstücke, die größer sind als die fein gehäckselten Chips und deshalb länger, aber mit weniger Qualmentwicklung rauchen. Fauliges oder wurmstichiges Holz hat im Smoker ebenso wenig zu suchen wie imprägniertes oder sogar lackiertes und lasiertes Holz.

Die Auswahl der Holzart richtet sich grundsätzlich nach dem, was man im Smoker zubereiten möchte – und natürlich nach den Vorlieben des Pitbosses.

Diese Tabelle mit Holzsorten, die sich für den Einsatz im Smoker eignen, gibt Auskunft über die gängigsten Verwendungen:

Grillgut	Apfel	Buche	Eiche	Erle	Hickory	Kirsche	Mesquite
Backen	✓	✓	✓	✓		✓	
Fisch		✓	✓	✓			✓
Geflügel	✓	✓	✓	✓	✓	✓	✓
Gemüse	✓	✓	✓	✓	✓		✓
Lamm		✓	✓	✓		✓	
Rind	✓	✓	✓	✓	✓	✓	✓
Schwein	✓	✓	✓	✓	✓	✓	

Der Apfelbaum

Gut getrocknete Apfelhölzer verleihen Grillgerichten eine leicht fruchtige, süßliche Note. Apfelbäume sind weit verbreitet und durch ihre hohe Verfügbarkeit finden Apfelhölzer oft Verwendung. Ihr Brennwert liegt wie bei den meisten Sorten um etwa 4 kWh/kg.

Die Buche

Die Buche ist ein besonders beliebtes Holz mit hohem Brennwert, mit feinem Rauchgeschmack und das Allroundholz für alle Smokergerichte.

Die Eiche

Im Vergleich zum Buchenholz brennt die Eiche mit etwas höheren Temperaturen bei kräftigerem Rauchverhalten und ist wie die Buche universell einsetzbar und fast geschmacksneutral.

Die Erle

Beim Erlenholz wird eine geringere Hitze erzeugt mit einem feinen, nicht allzu kräftigem Raucharoma.

Hickory

Diese Nussbaumart wird in den Staaten sehr geschätzt. Verwendet man zuviel davon, kann der Geschmack leicht zu intensiv werden. Dennoch darf das typische Hickory-Aroma bei einem authentischen BBQ nicht fehlen.

Die Kirsche

Kirschholz gibt dem Grillgut einen süßen, leicht fruchtigen Geschmack und begeistert so manchen Pitmaster durch sein feines Aroma.

Mesquite

Jalapeño Chilis bekommen durch den Rauch des Mesquiteholzes beim Räuchern eine besonders rauchige Schärfe. Als Chipotle kennt man sie als Chilispezialität in der texanisch-mexikanischen Küche. Mesquiteholz ist der Klassiker aus Texas, hat ein sehr starkes Aroma und findet vorwiegend in Holzchips oder als Mischung mit leichteren Holzarten Verwendung.

Kohle

Anstelle von Holz werden häufig auch Briketts verwendet, die die Hitze oft länger halten als Holzscheite. Bei guter Qualität brennen sie fast geruchsfrei für circa drei Stunden.

Zum Anzünden ist der Anzündkamin die einfachste und schnellste Lösung. Auch hier legt man wachsgetränkte Holzwollebällchen unter den Rost und füllt den Anzündkamin mit Briketts auf. Wenn diese nach circa 20 Minuten eine fast weiße Oberfläche haben, können sie in die Sidefirebox oder den Kohlekorb eingefüllt werden. Dafür sollten immer Handschuhe verwendet werden.

Auch als Kombination mit Holzscheiten sind die Briketts als Feuergrundlage gut geeignet. Die Kohlen sorgen für die Grundhitze, die mit Holzscheiten nach oben reguliert werden kann.

Der Anzündkamin

Holzpellets

Holzpellets sind kleine, genormte Presslinge (Pellets) aus Holz. Diese können in einem speziellen Holzpelletgrill an Stelle von Gas oder Holzkohle verbrannt werden und sorgen so für die Hitze im Smoker. Die Funktionsweise ist ähnlich wie bei den immer beliebter werdenden Holzpellet-heizungen.

Holzpellets verbrennen zu 99 Prozent im Feuerraum und dabei entsteht eine sehr geringe Menge Asche. Die Holzpellets werden in einem dafür entwickelten Brenner verbrannt und liefern mit einem kleinem Volumen einen hohen Energiewert (circa 5 kW/kg). Die heiße Luft aus dem Brenner und der Rauch werden in eine Grillkammer geleitet und sorgen so für das wohl-schmeckende Raucharoma des Grillguts.

Zum Grillen, beim Barbecue, zum Backen oder Räuchern sollten ausschließlich Hartholzpellets verwendet werden. Diese Holzpellets enthalten 100 Prozent reines Sägemehl von Laubhölzern, verbrennen sehr effizient und geben dem Grillgut, je nach Sorte, ein würziges Raucharoma.

Der Pelletverbrauch liegt je nach Gerät etwa bei einem Kilogramm pro Stunde bei niedrigen Grilltemperaturen (100–150 °C) und etwa zweieinhalb Kilogramm pro Stunde bei höchster Temperatur (270 °C).

Pelletvorratsbehälter mit elektronischer Zündung und Förderschnecke

3 ... 2 ... 1 ... Zündung

Zum Anfeuern der Sidefirebox eignen sich am besten kleine Spaltlinge, die beispielsweise auf einigen Buchenscheiten rautenförmig platziert werden. Als Anzündmittel sind wachsgetränkte Holzwollebällchen ideal, sie brennen fünf bis zehn Minuten und erzeugen eine ordentliche Hitze. Die Klappe der Sidefirebox ist dabei immer geöffnet, so kann sich das Feuer von oben nach unten durcharbeiten. Der umgekehrte Weg, zuerst mit den Spaltlingen ein kleines Feuer zu entfachen und dann die Holzscheite aufzulegen, ist auch praktikabel, es entsteht allerdings beim Anzünden wesentlich mehr Qualm.

Flüssige Anzündhilfen sollten nicht nur wegen der teils giftigen Dämpfe vermieden werden, einfache wachsgetränkte Holzwollestücke funktionieren bestens und vermeiden die Feuergefahr erheblich.

Um die Garkammer auf Temperatur zu bringen, muss man nach dem Einheizvorgang alle Deckel schließen und die Lüfterklappe am Kamin vollständig öffnen. Die Lüftungsklappe an der Sidefirebox wird auch geöffnet, wodurch für die Zufuhr von Sauerstoff gesorgt wird. Dadurch setzt der Kaminzug ein und der Smoker heizt sich auf. Die Temperatur wird zunächst über die Menge und Art des verwendeten Holzes bestimmt. Die Anfangstemperatur, die je nach Smoker schnell über 200 °C schnellt, kann durch Öffnen der Deckel oder Schließen der Zuluft wieder nach unten korrigiert werden.

Wichtig ist, dass der Smoker eine stabile Grundhitze erreicht und diese auch zuverlässig hält. Erst dann kann man mit dem Auflegen des Fleisches beginnen.

Wenn die gewünschte Temperatur von 90–120 °C erreicht ist, genügt es bei dickwandigen (4,5 Millimeter Wandstärke und mehr) Smokern alle 30 Minuten einen Scheit nachzulegen. Smoker guter Bauart sind hervorragende Wärmespeicher und kommen mit relativ wenig Brennmaterial über viele Stunden aus. Natürlich spielt die Umgebungstemperatur gerade im Winter eine Rolle sowie allzu häufiges Öffnen der Deckel. Hier gilt als Faustregel: Der Deckel bleibt geschlossen und wird nur zum Moppen und zum Auflegen des Fleisches geöffnet. Bei den Pellet-Smokern wird alle sieben bis zehn Minuten automatisch nachgefeuert, die oft dünnen Bleche der Garkammer machen das notwendig.

Mit etwas Übung erreicht man bald eine gleichmäßige Temperatur mit seinem Smoker, zur Kontrolle kommen Thermometer zum Einsatz. Die im Smoker verbauten Thermometer messen oft nur den oberen warmen Bereich der Garkammer, hier ist eine Kontrolle mit einem externen Thermometer sinnvoll.

Woodchips und -chunks für jeden Geschmack

Der BBQ Markt bietet mittlerweile sehr reichhaltiges Zubehör und das Angebot wächst stetig. Bei der Auswahl entscheidet neben der Qualität und dem Preis auch die persönliche Vorliebe des BBQ-Meisters.

Hier gilt wie beim Werkzeugkauf, wer billig kauft, kauft oft doppelt. Wir stellen hier die wichtigsten BBQ-Utensilien vor, von denen man lieber weniger kauft, dafür aber zu guter bis sehr guter Qualität greift. Die Erfahrung zeigt, dass zu viele Zubehörteile oft ihr Dasein in der BBQ-Kiste fristen, eine genaue Einkaufsplanung mit Preisvergleichen ist deshalb ratsam.

ZUBEHÖR

1. **Grillhandschuhe:** Sie sollten eine gute Hitzedämmung haben und so lang wie möglich sein. Ein Besuch beim Schweißerfachhandel lohnt hier nicht nur wegen des Preises.

2. **Silikonpinsel mit Auffangbehälter:** Hier ein etwas teureres Modell. Es ist sinnvoll, nach und nach einige Pinsel in unterschiedlicher Breite und Form anzuschaffen.

3. **Bürste:** Die Bürste zum Reinigen der Smokerroste sollte so groß wie möglich sein, damit man die großen Flächen mit entsprechendem Druck bearbeiten kann.

4. **Grillrostheber:** Ein praktisches Utensil, mit dem man heiße Roste anheben kann.

5. **Sprühflasche:** Wird zum Besprühen des Grillgutes mit dünnflüssigen Mischungen benötigt. Sprühen geht schneller als moppen, vorausgesetzt, die Mopp-Sauce enthält keine Stücke.

6. **Axt:** Bei diesem Werkzeug zum Spalten der Holzscheite sollte man ganz besonders auf gute Qualität achten.

7. **Wender:** Diese Helfer gibt es in allen möglichen Ausführungen und Größen für die unterschiedlichen Einsatzbereiche. Für Fisch ist ein großer Fischwender von Vorteil.

8. **Digitales Einstechthermometer:** Damit lässt sich die Temperatur des Fleisches sehr schnell überprüfen.

9. **Digitale Thermometer:** Erhältlich mit und ohne Funkstation. Moderne Thermometer sind leicht zu bedienen, verfügen häufig über eingebaute Timer und haben oft auch die unterschiedlichen Gartemperaturen gespeichert. Bei Erreichen der eingestellten Temperaturen ertönt ein akustisches Signal, und damit ist man immer auf der sicheren Seite. Damit die Sonde nicht direkt auf dem Rost aufliegt, kann man beispielsweise einen Korken durchlöchern und das Ende der Sonde hineinstechen. So ist man in der Lage, die genaue Temperatur über dem Rost zu messen.

10. **Mopp mit Eimer:** Damit lassen sich große Fleischstücke moppen.

11. **Grillzange:** Sie gehört zu den wichtigsten Utensilien beim BBQ, sollte gut in der Hand liegen und sich leicht bedienen lassen. Am besten nimmt man sie vor dem Kauf im Laden einmal in die Hand.

12. **Fleischhaken:** Sie eignet sich zum Wenden und Herausnehmen schwerer Fleischstücke.

13. **Kleine Grillbürsten mit Schaber:** Damit lassen sich leichte Fettkrusten auf den Rosten lösen.

14. **Wärmeisolierte Silikonhandschuhe:** Sie eignen sich hervorragend z. B. für das Rupfen „Pullen" von Pulled Pork.

Wachsgetränkte Holzwollebällchen für sauberes und schnelles Anzünden der Brennstoffe.

Holzplanken sind ideal für die Zubereitung von zartem Fleisch und Fisch. Sie werden mindestens drei Stunden gewässert, bevor sie auf den Rost kommen. Bei hoher, direkter Hitze beispielsweise in der Sidefirebox zum Qualmen gebracht, werden sie danach mit dem Gargut bestückt in den Smoker gelegt und geben so ihr feines Aroma an das Grillgut ab. Bei richtiger Verwendung und ausreichender Dicke sind sie oft mehrfach zu verwenden.

Messer kann man eigentlich nicht genug haben, aber auch hier gilt: weniger ist mehr. Die Messer, die man täglich benutzt, sollten von bester Qualität sein, sich leicht nachschleifen lassen und gut austariert in der Hand liegen. Das Hantieren mit Schleifsteinen will gelernt sein und ist gerade bei japanischen Messern eine eher mühevolle Arbeit, da diese in der Regel nicht mit handelsüblichen Schleifgeräten nachgeschliffen werden können.

Teil 2
DIE GERICHTE

WÜRZE

Fleisch, gerade wenn es vom Smoker oder Grill kommt, schmeckt wunderbar und einzigartig. Aber es würde schnell langweilig, hätte man nicht unendlich viele Gewürze, Kräuter und Kniffe parat, aus demselben Fleischzuschnitt immer wieder etwas anderes zu machen.

Es gibt unzählige Rubs, also trockene Gewürzmischungen, Pasten, Saucen und Marinaden. Diejenigen, die hier vorgestellt werden, dienen als Basis und können natürlich nach individuellen Vorlieben variiert werden. So finden Sie sicherlich schnell Ihre ganz spezielle, ureigene Lieblingsveredelung fürs Fleisch. Und alleine das ist schon ein Vergnügen …

Egal ob Rub, Mopp, Sauce oder Rauch – das Würzen ist für das BBQ immens wichtig, vielleicht sogar der wichtigste Faktor überhaupt. Die nun folgenden Rezepte sollen Ihnen dabei helfen, mit Gewürzen zu experimentieren und herauszufinden, wo Ihre individuellen Vorlieben liegen. Wir präsentieren Ihnen die Basics, mit denen Sie nichts falsch machen können. Gleichzeitig bilden sie die Grundlage, mit der sich jeder BBQer schon sehr schnell an eigene Kreationen wagen wird.

Manche der in diesem Kapitel aufgeführten Rezepte kommen in leicht abgewandelter Form noch einmal an anderer Stelle vor, dann allerdings sind sie speziell auf eine Fleischsorte abgestimmt und harmonieren mit einem anderen Element, ob es nun ein Rub, ein Mopp, eine Paste oder eine Sauce ist.

RUBS

Rubs geben als elementare Würzmittel dem Fleisch seinen besonderen Geschmack. Der Vorteil ist seine lange Haltbarkeit, vorausgesetzt, er wird dunkel und luftdicht gelagert. Sie können hier wunderbar mit den Zutaten experimentieren und auf diese Art leicht zu Ihrer individuellen Lieblingsmischung gelangen. Kombinationen mit Mopp und Sauce sind ebenfalls ein Genuss, genauso wie ein süßer Rub, der sich zum Beispiel sehr gut als Basis für eine scharfe Sauce eignet. Das Ergebnis ist dann sweet & spicy.

Vor der Verwendung sollten die Rubs noch einmal gut geschüttelt werden, damit sie richtig gemischt sind. Mit etwas Übung sind Sie auch schnell in der Lage, aus einigen gerade vorrätigen Zutaten einen Rub „aus dem Ärmel zu schütteln" – ganz ohne Rezept.

Nach gründlichem Bestreuen mit dem Rub und dem Einmassieren in das Grillgut sollte das Fleisch noch eine Weile ruhen, damit die Gewürze ihren Geschmack entfalten können.

Basic Pork-Rub

Dieser klassische Pork-Rub ist perfekt für gesmoktes Schwein und natürlich auch für Pulled Pork. Wegen des niedrigen Salzgehaltes kann man ihn sehr gut für gepökeltes Fleisch verwenden. Der schwarze Pfeffer gibt dem Rub eine angenehme Schärfe, die etwas milder ist als die von Chilischoten.

Zutaten:	½	Tasse	Paprika, edelsüß
	¼	Tasse	Zucker
	3	EL	schwarzer Pfeffer
	2	EL	Salz
	2	TL	Senfpulver
	2	TL	Cayennepfeffer
	1	TL	weißer Pfeffer

Zubereitung: Alle Zutaten miteinander verrühren und die Hälfte der Mischung 12–24 Stunden vor dem Smoken in das Fleisch einmassieren, die andere Hälfte kurz davor.

Beef Ribs-Rub

Bei diesem Rub sind die Geschmacksrichtungen süß und scharf optimal kombiniert. Man kann die Schärfe ganz individuell abstimmen, indem man wahlweise mildes oder mittelscharfes Chilipulver verwendet. Für die extrascharfe Variante gibt man einfach zusätzlich einen Esslöffel Cayennepfeffer in die Mischung. Perfekt für Beef Ribs passt dieser Rub auch gut zu Brisket, also Rinderbrust, oder zu gesmokter Hüfte.

Zutaten:	¼	Tasse	Paprika, edelsüß
	¼	Tasse	Chilipulver, mild oder mittelscharf
	¼	Tasse	brauner Zucker
	¼	Tasse	schwarzer Pfeffer, gemahlen
	1	EL	Cayennepfeffer
	1	EL	Knoblauch, granuliert
	1	EL	Salz

Zubereitung: Alle Zutaten gründlich mischen und üppig auf beide Seiten der Ribs geben. Gut einmassieren, durchziehen lassen und nach Geschmack smoken.

Best Odds Brisket-Rub

Dieser Rub wird in Texas am häufigsten für Brisket verwendet. Er ist einfach zu mischen und hat alles, was notwendig ist, um ein klassisches Texas BBQ-Brisket zu smoken. Die Balance aus süß und salzig ist gut ausgewogen, der Rub kann natürlich auch mit den Lieblingsgewürzen verfeinert werden.

Zutaten:	½	Tasse	Paprika, edelsüß
	½	Tasse	brauner Zucker
	3	EL	Knoblauchpulver
	3	EL	Zwiebelpulver
	2	EL	Oregano

Zubereitung: Alle Zutaten gut vermischen und die Rinderbrust gründlich von allen Seiten mit dem Rub einreiben. Die Reste können luftdicht und dunkel gelagert werden.

Best Odds Rib-Rub

Dieser Rub eignet sich hervorragend für Anfänger – er ist mild und überwürzt das Fleisch nicht. Je nach Geschmack können Sie ihn auch etwas salziger, süßer oder schärfer abstimmen.

Zutaten:	½	Tasse	Paprika, edelsüß
	3	EL	Senfpulver
	3	EL	Zwiebelpulver
	3	EL	Knoblauchpulver
	2	EL	Basilikum, getrocknet
	1	EL	schwarzer Pfeffer, gemahlen
	1	EL	Salz

Zubereitung: Alle Zutaten gut vermischen und dunkel und luftdicht lagern. Bevorzugen Sie einen etwas süßeren Rub, können Sie noch zwei Esslöffel braunen Zucker dazugeben.

BRITU – Best Ribs in the Universe

1996 gewann Mike Scrutchfield mit diesem Rezept den Titel „Best Ribs in the Universe" der American Royal BBQ Invitational-Meisterschaften. Seitdem fehlt die Rezeptur in keiner Rezeptsammlung und ist dort unter der Abkürzung BRITU zu finden. Diese Mischung sollten Sie vorsichtig dosieren, sonst wird das Fleisch leicht zu salzig.

Zutaten:	¼	Tasse	Zucker
	¼	Tasse	Speisesalz
	⅛	Tasse	brauner Zucker
	4	TL	Chilipulver
	2	TL	Cumin, gemahlen
	1	TL	Selleriesalz
	1	TL	Cayennepfeffer
	1	TL	schwarzer Pfeffer, gemahlen
	1	TL	Knoblauch, granuliert
	1	TL	Zwiebelpulver

Zubereitung: Alle Zutaten vermischen und die Ribs rundherum damit bestreuen; liegen lassen, bis die Oberfläche feucht glänzt und dann nach Geschmack smoken. Gegen Ende der Garzeit werden die Ribs mit einer süßen BBQ-Sauce bestrichen.

Chipotle Dry-Rub

Dieser frische und würzige Rub schmeckt köstlich nach Chipotle. Die Zutaten müssen aber unbedingt ganz fein gemahlen werden, am besten mit einer Gewürzmühle oder einem Blitzhacker. Für einen zusätzlichen „Geschmackskick" sorgen hier geräucherte Chipotles oder Chipotles-Pulver. Der Rub passt zu Brisket, Schwein aller Art und sogar zu Steak.

Zutaten:	2–3		getrocknete Chipotle Peppers
	3	EL	schwarzer Pfeffer
	2	EL	Oregano, getrocknet
	1	EL	Koriander, getrocknet, keine Samen
	1		Lorbeerblatt
	1	TL	Cumin, gemahlen
	1	TL	Zwiebelpulver
	1	TL	Orangenschalen, gemahlen und getrocknet

Zubereitung: Alle Zutaten fein mahlen oder hacken und bis zur Verwendung luftdicht und dunkel aufbewahren.

Kansas City Rib-Rub

In KC kennt man sich mit Ribs aus, und hier kommt der BBQ-Rub für die legendären Kansas City-style Ribs. Das Rezept besteht in der Hauptsache aus braunem Zucker und sorgt so für einen eher süßen Geschmack. Deshalb ist er auch nicht für hohe Temperaturen geeignet, weil der Zucker verbrennen würde. Mit einer scharfen BBQ-Sauce kombiniert, werden Ribs mit diesem Rub zu einem süß-scharfen Erlebnis.

Zutaten:	½	Tasse	brauner Zucker
	¼	Tasse	Paprika, edelsüß
	1	EL	schwarzer Pfeffer
	1	EL	Salz
	1	EL	Chilipulver
	1	EL	Knoblauchpulver
	1	EL	Zwiebelpulver
	1	EL	Cayennepfeffer

Zubereitung: Alle Zutaten zusammenmischen und dunkel und luftdicht lagern.

Magic Dust

Magic Dust, also Zauberstaub, ist ein Universal-Rub, der wie ein normaler Rub vor dem Smoken eingerieben wird, aber auch als Würzmittel auf fertigen Speisen verwendet werden kann. Wenn Sie es etwas schärfer und würziger mögen, können Sie die Menge an Senfpulver und Pfeffer auf je eine halbe Tasse erhöhen.

Zutaten:	½	Tasse	Paprika, edelsüß
	¼	Tasse	Salz
	¼	Tasse	Zucker
	2	EL	Senfpulver
	¼	Tasse	Chilipulver
	¼	Tasse	Kümmel, gemahlen
	2	EL	schwarzer Pfeffer, gemahlen
	¼	Tasse	Knoblauch, granuliert
	2	EL	Cayennepfeffer

Zubereitung: Alle Zutaten mischen und in einem dicht geschlossenen Behälter lagern. Sie können einen Teil des Rubs in einen Streuer füllen und ihn neben Pfeffer und Salz zum Nachwürzen auf den Tisch stellen.

Memphis Style Rib-Rub

Traditionelle Memphis Style Ribs werden trocken, also als Dry Ribs serviert. Das heißt aber nicht, dass das Fleisch trocken ist, es fehlt lediglich die BBQ-Sauce. Das Besondere ist, dass überhaupt kein Zucker beigemischt wird. Diesen puren Geschmack ohne Süße schätzt man vor allem in Memphis.

Zutaten:	2	EL	Paprikapulver, edelsüß
	1	EL	Salz
	1	EL	Zwiebelpulver
	1	EL	schwarzer Pfeffer, gemahlen
	2	TL	Cayennepfeffer

Zubereitung: Alle Zutaten miteinander vermischen und in einem luftdichten Behälter dunkel lagern. Der Rub wird gleichmäßig in die Ribs einmassiert. Sie werden erst in den Smoker gelegt, wenn ihre Oberfläche feucht ist.

Quarter Cup Brisket-Rub

Dies ist ein harmonischer, süßer Rub für Beef Brisket, für dessen Zubereitung man nur eine Maßeinheit benötigt, weil alle Zutaten zu gleichen Teilen verwendet werden. Die Schärfe können Sie auch hier mit der Wahl des Chilipulvers variieren.

Zutaten:	¼	Tasse	brauner Zucker
	¼	Tasse	Salz (am besten grobes Salz)
	¼	Tasse	Paprika, edelsüß
	¼	Tasse	Chilipulver (je nach Geschmack mild oder scharf)
	¼	Tasse	schwarzer Pfeffer, gemahlen

Zubereitung: Alle Zutaten vermischen und den Rub gründlich in die Rinderbrust einmassieren. Die Reste lassen sich am besten dunkel und luftdicht aufbewahren.

Traditioneller Carolina Pulled Pork-Rub

Von Chuck Ozburn, Foodfotograf und begeisterter BBQer, stammt dieser fantastische Rub für ein traditionelles Carolina Pulled Pork. Wunderbar ausbalanciert zwischen süß und salzig hat er eine scharfe Chilinote.

Zutaten:	2	EL	Salz
	2	EL	Zucker
	2	EL	brauner Zucker
	2	EL	Cumin, gemahlen
	2	EL	Chilipulver
	2	EL	schwarzer Pfeffer, gemahlen
	1	EL	Cayennepfeffer
	¼	Tasse	Paprika, edelsüß

Zubereitung: Alle Zutaten in eine kleine Schüssel geben und gut vermischen. Luftdicht an einem dunklen Ort aufbewahren.

PASTEN

Chili-Paste

Diese Paste kombiniert die Frische der Zitrusfrüchte mit der Schärfe der Chilis. Nach dem Mischen sollten Sie die Paste etwas ruhen lassen, damit die Aromen sich entfalten können. Die Schärfe kann man gut mit der Sorte der verwendeten Chilis variieren.

Zutaten:			
			Saft einer Zitrone
	½	TL	abgeriebene Zitronenschale
			Saft einer Limette
	½	TL	abgeriebene Limettenschale
			Saft einer Orange
	½	TL	abgeriebene Orangenschale
	½		grüne Chili, je nach Geschmack auch mehr (gehackt mit oder ohne Samen)
	5		Knoblauchzehen, fein gehackt
	3	EL	Chilipulver, mild
	1	EL	Olivenöl
	1	EL	Paprikapulver, edelsüß
	1	TL	Cumin, gemahlen
	1	TL	Salz
	½	TL	Oregano, getrocknet
	¼	TL	Zimt, gemahlen

Zubereitung: Ein halber Teelöffel Schalenabrieb je Zitrusfrucht gibt dieser Marinade ihr besonderes Aroma. Die Konsistenz kann man mit der Saftmenge regulieren.

Geflügel-Paste

Bei dieser Paste für Geflügel aller Art dominieren die Aromen von Orange, Nelken und Muskat. Für eine Pute verdoppeln Sie einfach die Menge der angegebenen Zutaten.

Zutaten:			
	2	EL	frischer Ingwer, gerieben
	2	EL	brauner Zucker
	2	EL	abgeriebene Orangenschale
	1	EL	schwarzer Pfeffer, fein gemahlen
	1	EL	Salz
	¼	TL	Muskatnuss, gemahlen
	¼	TL	Nelken, gemahlen
			Olivenöl

Zubereitung: Alle Zutaten vermengen und soviel Olivenöl zugeben, bis die gewünschte Konsistenz erreicht ist.

Im Unterschied zu den Gewürzen werden bei den Pasten auch frische Zutaten verwendet. Sie kommen als streichfähige Gewürzpaste auf das Grillgut, sind also nicht so flüssig wie eine Sauce. Das Fleisch bekommt dadurch eine besondere Note. Sie sollten allerdings beachten, dass die Lagerfähigkeit der Pasten aufgrund ihrer frischen Zutaten sehr beschränkt ist. Alternativ ist es möglich, zuerst nur die trockenen Zutaten zu vermischen und die frischen dann nach Bedarf und kurz vor Gebrauch zuzugeben. Viele Pasten können mit etwas Wasser vermischt und aufgekocht auch als Mopp-Sauce verwendet werden. Sollte die Paste dafür zu grob sein, können Sie sie mit einem Stabmixer pürieren.

Knoblauch-Petersilien-Paste

Diese Paste begeistert jeden Knoblauchliebhaber. Sie ist vielseitig einsetzbar und passt gleichermaßen zu Fleisch, Fisch und Geflügel.

Zutaten:

½	Tasse	frische Petersilie
½	Tasse	Olivenöl
6		Knoblauchzehen, fein gehackt
1	TL	Cayennepfeffer
1		Zitrone, Saft und abgeriebene Schale

Zubereitung: Petersilie, Knoblauch, Cayennepfeffer, Zitronensaft und -schale in einer Küchenmaschine mixen. Bei laufendem Mixer langsam das Öl hinzufügen und eine Emulsion herstellen. Die Paste kann bis zu einer Woche im Kühlschrank gelagert werden.

Kräuter-Paste

Ideale Paste für Rindfleisch. Sie eignet sich zum Grillen, Schmoren oder Smoken.

Zutaten:

1	EL	Knoblauch, gehackt
2	EL	frisches Basilikum, gehackt
2	EL	frischer Oregano, gehackt
2	EL	frische Petersilie, gehackt
2	EL	frischer Rosmarin, gehackt
4	EL	Olivenöl
1½	EL	Gewürzsalz nach Wahl
1	EL	schwarzer Pfeffer, gemahlen

Zubereitung: Alle Zutaten in einem Mixer oder einer Küchenmaschine mixen und glatt rühren. Gleichmäßig auf der Oberfläche des Fleisches verteilen und gut einmassieren.

Meerrettich-Paste

Diese Paste hat eine ganz außergewöhnliche Schärfe. Frisch zubereitet ist sie sehr scharf, sie wird durch den Garvorgang jedoch immer milder.

Zutaten:

¾	Tasse	frischer Meerrettich, gerieben
½	Tasse	Knoblauch, fein gehackt
¼	Tasse	Salz
¼	Tasse	schwarzer Pfeffer, gemahlen
½	Tasse	Olivenöl
2	EL	Cumin, gemahlen
1	EL	Dijon-Senf
1	EL	brauner Zucker

Zubereitung: Alle Zutaten gut durchmischen. Man kann die Paste bis zu einer Woche im Kühlschrank lagern.

Parmesan-Paste

Bei dieser nicht allzu scharfen Paste dominieren die italienischen Kräuter.

Zutaten:

½	Tasse	Parmesan, gerieben
¼	Tasse	Olivenöl
¼	Tasse	Rotweinessig
2	EL	Basilikum, getrocknet
2	EL	Oregano, getrocknet
1	EL	schwarzer Pfeffer, gemahlen
4		Knoblauchzehen, fein gehackt

Zubereitung: Alle Zutaten gut durchmischen. Sie können die Paste bis zu einer Woche im Kühlschrank lagern. Alternativ eignet sich auch ein anderer kräftiger Hartkäse, wie zum Beispiel Pecorino.

MOPPS UND MARINADEN

Da die Mopps aus vielen verschiedenen Zutaten bestehen, die sich bei Erwärmung auch unterschiedlich verhalten, wird in jedem einzelnen Mopp-Rezept darauf hingewiesen, wie oft mit der entsprechenden Sauce gemoppt werden sollte.

Ursprünglich benutzte man zum Moppen einen richtigen (Wisch-)Mopp, um große Fleischmengen vor dem Austrocknen zu bewahren. Der Mopp wurde in die Mopp-Sauce getaucht, und man erreichte damit dank des langen Stiels auch auf einer riesigen Feuerstelle problemlos jedes Stück Fleisch. So kam der BBQ-Mopp zu seinem Namen.

Heute findet für den Hausgebrauch nur eine Miniaturversion der ursprünglichen Mopps Verwendung. Es sind meist dicke Pinsel aus Silikon. Die Mopp-Rezepte sind allerdings gleich geblieben.

Best Odds Brisket-Mopp

Dieser Mopp hält das Fleisch zart und aromatisch, während es im Smoker liegt. Er eignet sich ideal für Beef Brisket, also Rinderbrust.

Zutaten:	½	Tasse	Apfelessig
	¼	Tasse	Olivenöl
	¼	Tasse	Bier
	3	EL	Paprikapulver, edelsüß
	1	TL	Salz
	1	TL	schwarzer Pfeffer, gemahlen

Zubereitung: Alle Zutaten solange mischen, bis sich das Salz aufgelöst hat und das Fleisch alle zwei Stunden damit moppen.

Bier-Mopp

Die Aromen der Gewürze ergeben zusammen mit dem Bier einen ganz besonderen Geschmack.

Zutaten:	350	ml	Bier
	½	Tasse	Apfelessig
	½	Tasse	Wasser
	½	Tasse	Öl
	1		kleine Zwiebel, gewürfelt
	3		Knoblauchzehen, fein gehackt
	1	EL	Worcester-Sauce
	1	TL	schwarzer Pfeffer, gemahlen
	1	TL	Salz
	1	TL	Cayennepfeffer

Zubereitung: Alles in einen Topf geben, erhitzen und solange köcheln, bis der Knoblauch und die Zwiebeln sehr weich sind. Das Fleisch regelmäßig alle zwei Stunden damit moppen.

Bourbon-Mopp

Diese süße Mopp-Sauce wird mit Bourbon verfeinert. Sie passt wunderbar zu Rind- und Schweinefleisch.

Zutaten:	1	Tasse	Kentucky Bourbon
	½	Tasse	brauner Zucker
	½	Tasse	Zwiebeln, sehr fein gehackt, beinahe püriert
	¼	Tasse	Zuckerrübensirup
	¼	Tasse	Ketchup
	2	EL	Dijon-Senf

Zubereitung: Alle Zutaten gut mischen. Man kann den Mopp im Kühlschrank aufbewahren und sollte ihn nicht zu heiß verwenden, denn der Zucker kann schnell verbrennen. Das Fleisch alle zwei Stunden gründlich mit der Sauce moppen.

Carolina Lemon-Mopp

Dieser Mopp auf Essig-Basis hat einen tollen Zitronengeschmack, der ausgesprochen gut zu Schweinefleisch aus dem Smoker passt. Je nach Geschmack kann man die Schärfe durch die Zugabe von Tabasco regulieren.

Zutaten:	1	Tasse	Apfelessig
	½	Tasse	Wasser
	3	EL	Zitronensaft
	2	EL	Butter, geschmolzen
	2	EL	Worcester-Sauce
	2	EL	Zucker
	2	TL	Tabasco
	1	TL	Cayennepfeffer

Zubereitung: Alle Zutaten vermischen und am besten über Nacht stehen lassen, dann können sich die Aromen voll entfalten. Das Fleisch einmal pro Stunde mit der Sauce moppen.

Carolina Style Pulled Pork-Mopp

Dieser Mopp passt hervorragend zu traditionellem Carolina Pulled Pork. Sie können ihn sowohl als normale Mopp-Sauce als auch als Sauce für Pulled Pork verwenden.

Zutaten:	1	Tasse	Apfelessig
	2	EL	Salz
	1	EL	brauner Zucker
	1	TL	Cayennepfeffer
	1	TL	Chiliflocken

Zubereitung: Alle Zutaten solange vermischen, bis der Zucker gelöst ist. Wenn Sie die Sauce zum fertigen Fleisch verwenden möchten, können Sie noch etwas Ketchup oder BBQ-Sauce dazugeben. Das Fleisch alle zwei Stunden mit der Sauce moppen.

Einer-für-alles-Mopp

Dieser Mopp kann universell eingesetzt werden, er macht sowohl auf Schwein und Rind eine gute Figur, passt aber auch zu Geflügel und Lamm.

Zutaten:	½	Liter	Apfelessig
	½	Liter	Wasser
	1	TL	Knoblauchpulver
	2	TL	Geflügelwürze
	6		Lorbeerblätter
	1	TL	roter Pfeffer, gemahlen
	1	TL	Thymian, getrocknet
	1	TL	Rosmarin, getrocknet
	1	TL	Zitronenpfeffer
	1	TL	Salz
	1	TL	schwarzer Pfeffer, gemahlen

Zubereitung: Alle Zutaten zum Kochen bringen und 30 Minuten köcheln lassen. Vor der Verwendung sollte der Mopp abkühlen. Das Fleisch alle zwei Stunden mit der Sauce moppen.

Lamm-Mopp

Dieser Mopp ist das eigentliche Geheimnis des klassischen Kentucky Mutton Barbecue. Die Kombination von Bier und Essig zusammen mit den Gewürzen ist das, was dem gesmokten Lammfleisch seinen typischen Geschmack gibt.

Zutaten:	1	Tasse	Apfelessig
	1	Tasse	Wasser
	1	Tasse	Bier (oder Rinderbrühe)
	¼	Tasse	Worcester-Sauce
	2	EL	schwarzer Pfeffer, gemahlen
	1	EL	brauner Zucker
	½	EL	Salz
	½	EL	Knoblauchpulver
	1	TL	Cayennepfeffer

Zubereitung: Alle Zutaten in einem Topf bei schwacher Hitze erwärmen und das Lamm einmal pro Stunde damit moppen.

Puten- und Geflügel-Mopp

Dieser Mopp eignet sich für ganzes Geflügel. Egal, ob gesmoked oder gegrillt hält er das Fleisch saftig und hilft, die Haut zu bräunen.

Zutaten:	½	Tasse	Butter
	1	EL	Zitronensaft
	1	TL	Geflügelwürze
	1	TL	Basilikum, getrocknet
	1	TL	Thymian, getrocknet
	1	TL	Salbei, getrocknet

Zubereitung: Im Topf die Butter schmelzen und Zitronensaft und Gewürze dazugeben. Das Geflügel damit nach der ersten Stunde alle 30 Minuten moppen.

Rib-Mopp

Dieser Mopp eignet sich für alle Arten von Porkribs. Der Essig sorgt dafür, dass das Fleisch weich wird, die Kräuter geben den Geschmack. Er passt natürlich auch zu anderen Schweinefleischgerichten.

Zutaten:	½	Tasse	Wasser
	½	Tasse	Essig
	3	EL	Senf
	3	EL	Olivenöl
	1	EL	Chilipulver
	1	EL	Knoblauchpulver
	1	TL	Cayennepfeffer

Zubereitung: Alle Zutaten gut vermischen und im Kühlschrank aufbewahren. Kalt gelagert können Sie den Mopp für circa drei Monate aufbewahren. Die Ribs einmal pro Stunde mit der Sauce moppen.

MOPPS UND MARINADEN

Texas Hillbilly-Mopp

Das Besondere an diesem Mopp ist der fehlende Zucker. Er wird also nicht verbrennen und eignet sich für alle Arten von Rindfleisch.

Zutaten:	2	Tassen	Essig
	1	Tasse	Olivenöl
	½	Tasse	Worcester-Sauce
	½	Tasse	Wasser
	2		Zitronen, angedrückt und geviertelt
	2	EL	scharfe Chilisauce
	6		Lorbeerblätter, gemahlen
	2		Knoblauchzehen, fein gehackt
	1	EL	Paprikapulver, edelsüß
	1	EL	Chilipulver

Zubereitung: Alle Zutaten in einen Topf geben, vermischen und zum Kochen bringen. Vom Herd nehmen, aber warm halten. Das Fleisch einmal pro Stunde damit moppen.

BARBECUE-SAUCEN

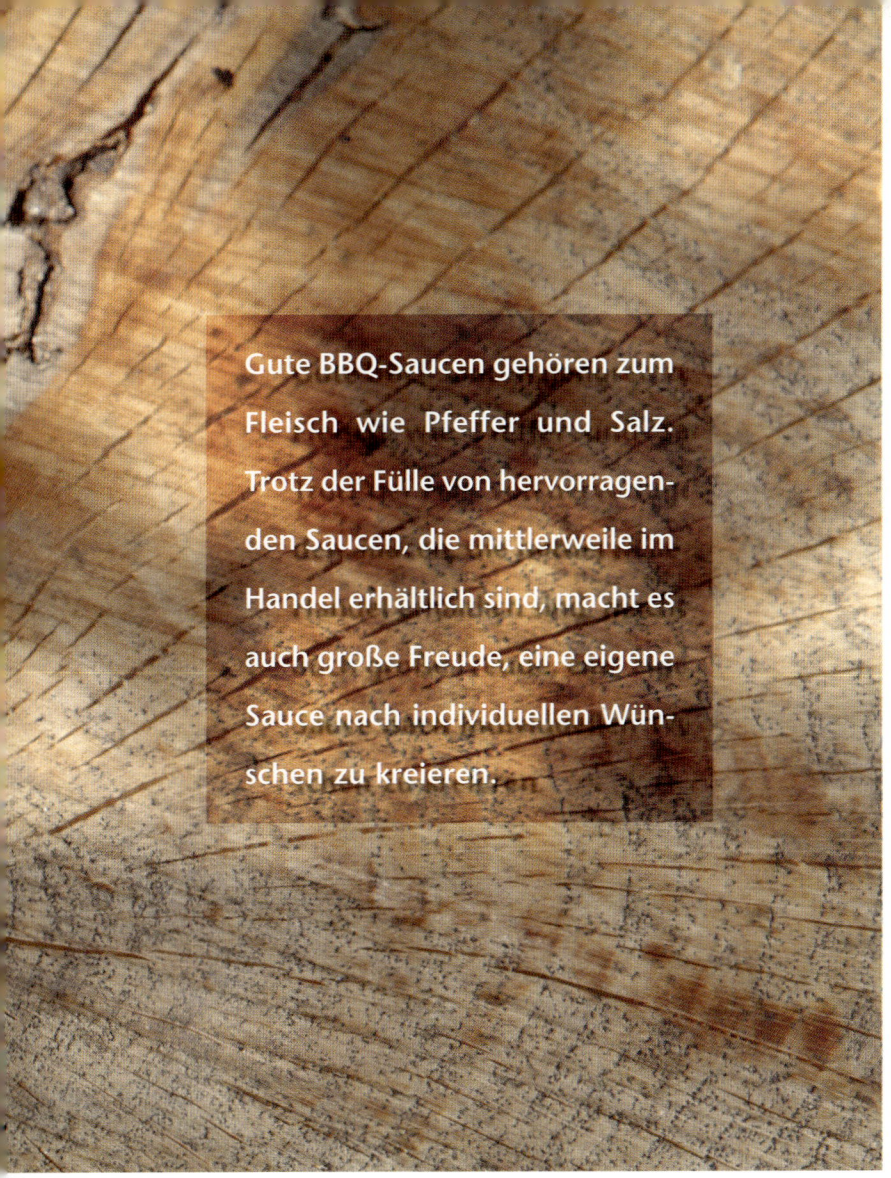

Gute BBQ-Saucen gehören zum Fleisch wie Pfeffer und Salz. Trotz der Fülle von hervorragenden Saucen, die mittlerweile im Handel erhältlich sind, macht es auch große Freude, eine eigene Sauce nach individuellen Wünschen zu kreieren.

Classic BBQ Rib-Sauce

Wenn Sie dicke und reichhaltige Saucen zu Ihren Ribs bevorzugen, werden Sie diese Sauce mögen. Passierte Tomaten und Tomatenmark ersetzen hier den Ketchup, wodurch die Sauce eine milde und harmonische Säure bekommt.

Zutaten:			
500	ml		passierte Tomaten
250	ml		Tomatenmark
¼	Tasse		Zwiebelwürfel, fein gehackt
2	EL		brauner Zucker
2	EL		Essig
2	EL		Olivenöl
3			Knoblauchzehen, zerdrückt
1	EL		Worcester-Sauce
1	TL		Senfpulver
1	TL		Cayennepfeffer
			schwarzer Pfeffer, frisch gemahlen nach Geschmack

Zubereitung: Die Zwiebelwürfel mit dem Knoblauch in Olivenöl glasig dünsten. Die anderen Zutaten dazugeben und alles 20 Minuten lang köcheln. Vor dem Servieren abkühlen lassen.

Best Odds Pulled Pork-Sauce

Diese Sauce kommt nach dem Pullen (siehe Seite 65) zum Fleisch. Am besten mischen Sie die warme Sauce unter das warme Fleisch.

Zutaten:			
1½	Tassen	Apfelessig
½	Tasse	heißes Wasser
2	EL	brauner Zucker
1	EL	Paprikapulver, edelsüß
1	TL	schwarzer Pfeffer, gemahlen
1	TL	Salz
1	TL	Cayennepfeffer

Zubereitung: Den Zucker im Wasser auflösen und dann die restlichen Zutaten dazugeben. Beim Mischen mit dem Fleisch darauf achten, dass die Masse weder zu trocken noch zu suppig wird.

Chicken-Sauce

Während das Pulled Pork oder das Brisket vor sich hin smoked, brauchen Sie etwas für den kleinen Hunger zwischendurch. Wir empfehlen ein Chicken-Sandwich mit dieser Sauce.

Zutaten:			
2	Tassen	Apfelessig
4	EL	Tomatenmark
1½	EL	Zucker
1½	EL	Erdnussöl
1½	EL	Salz
1	EL	Steak-Sauce
1	EL	Worcester-Sauce
½	EL	scharfe Chilisauce

Zubereitung: Alle Zutaten in einem Kochtopf zehn Minuten köcheln lassen. Die eine Hälfte wird zum Marinieren des Huhns vor dem Grillen benutzt, mit der anderen wird es während des Grillens bestrichen.

Alabama White Barbecue-Sauce

In Alabama verwendet man als Saucenbasis traditionell Mayonnaise statt Tomatensauce. Diese Sauce darf nur ganz am Ende der Garzeit aufgetragen werden, da sie sich sonst trennen würde. Sie passt zu Geflügel und Schwein und hat einen würzigen, harmonischen Geschmack.

Zutaten:	2	Tassen	Mayonnaise
	1	Tasse	Apfelessig
	2	EL	Zitronensaft
	3	EL	schwarzer Pfeffer, gemahlen
	1	TL	Salz
	½	TL	Cayennepfeffer

Zubereitung: Alle Zutaten kalt miteinander vermischen und für 4–5 Stunden im Kühlschrank durchziehen lassen. Die Sauce eignet sich auch sehr gut als Dip, also immer etwas aufbewahren.

Jack Daniel's Rib-Glaze

Auch diese Sauce ist nur am Ende der Garzeit zu verwenden. Sie soll zwar heiß werden, aber nicht verbrennen.

Zutaten:	1	Tasse	Jack Daniel's Whisky
	1	Tasse	Ketchup
	½	Tasse	brauner Zucker
	¼	Tasse	Essig
	1	EL	Zitronensaft
	2	TL	Worcester-Sauce
	3		Knoblauchzehen, fein gehackt
	1	TL	Senfpulver
			Salz und Pfeffer nach Geschmack

Zubereitung: Alle Zutaten im Topf erhitzen und 20 Minuten lang köcheln. Wenn Sie die Sauce ein paar Tage im Voraus herstellen, können sich die Aromen besser entfalten.

Mustard Barbecue-Sauce

Wer noch keine Barbecue-Sauce auf Senfbasis kennt, sollte diese einmal probieren. Sie passt fast zu allem, am besten harmoniert sie allerdings mit Schweinefleisch.

Zutaten:	1	Tasse	mittelscharfer Senf
	½	Tasse	Balsamico-Essig
	¼	Tasse	brauner Zucker
	2	EL	Butter
	1	EL	Worcester-Sauce
	1	EL	Zitronensaft
	1	TL	Cayennepfeffer

Zubereitung: Alle Zutaten miteinander vermischen und bei schwacher Hitze 30 Minuten kochen. Je schärfer der Senf, desto schärfer wird die Sauce, hier können Sie also nach Geschmack variieren.

Piedmont Barbecue-Sauce

Diese klassische Sauce aus der Wiege des BBQ, dem Piedmont, ist relativ dünnflüssig und dennoch voller Aromen.

Zutaten:	1½	Tassen	Apfelessig
	½	Tasse	Ketchup
	½	Tasse	Wasser
	1	EL	Zucker
	1	TL	Salz
	¼	TL	Chilipulver

Zubereitung: Alle Zutaten vermischen und luftdicht und dunkel lagern.

Chickasha Hot Sauce

Ursprünglich war der Hauptbestandteil dieser Sauce, die in den 80er Jahren erfunden wurde, eine fertige BBQ-Sauce. Es wurde viel daran verändert und verbessert und heute ist alles Mögliche drin, bis auf eines: eine fertige BBQ-Sauce.

Zutaten:	3	Tassen	Ketchup
	1	Tasse	Zuckerrübensirup
	½	Tasse	Rotweinessig
	3	EL	Worcester-Sauce
	2	TL	Tabasco
	½	Tasse	Limettensaft
	½		Zwiebel, fein gehackt
	2		Knoblauchzehen, fein gehackt
	½	Tasse	brauner Zucker
	3	TL	Senfpulver
	1	TL	Cayennepfeffer
	2	Tassen	Wasser

Zubereitung: Alle Zutaten bis auf das Wasser in einem Topf gut vermischen. Soviel Wasser zugeben, bis sahneartige Konsistenz entsteht. Aufkochen und eine Stunde simmern. Wenn die Sauce zu dick wird, erneut etwas Wasser zugeben.

Hot Vinegar-Sauce

Diese Sauce gibt dem Fleisch einen ganz besonderen Kick. Sie passt sehr gut zu Pulled Pork, mit dem Essig muss man allerdings vorsichtig sein, lieber etwas weniger als zuviel verwenden.

Zutaten:	1	Tasse	Wasser
	1	EL	Salz
	¼	Tasse	Apfelessig
	3	EL	Tabasco
	1	EL	schwarzer Pfeffer, frisch gemahlen
	1	EL	Oregano, getrocknet
	¼	Tasse	brauner Zucker
	1	EL	Paprikapulver
	1	EL	Knoblauchpulver

Zubereitung: Alle Zutaten mischen, aufkochen und warm servieren.

Amarillo-Sauce

Das für Texas typische Rindfleisch kommt hier – zumindest sensorisch – schon in der Sauce vor. Sie wird mit einer Rinderbrühe zubereitet und passt gut zu Brisket oder zum Steak für zwischendurch.

Zutaten:	2	Tassen	Ketchup
	2	Tassen	Wasser
	2	TL	Instant Rinderbrühe
	1	TL	Senfpulver
	1	EL	Chilipulver
	1	TL	schwarzer Pfeffer, frisch gemahlen
	½	TL	Cayenne
	½	TL	Knoblauchpulver
	½	TL	Rauchsalz
	2	TL	Worcester-Sauce
	3	EL	brauner Zucker
	1	TL	Limettensaft

Zubereitung: Alle Zutaten vermischen und aufkochen. Dann 15 Minuten unter Rühren simmern. Abkühlen lassen und servieren.

SCHWEIN

Wenn man in den Südstaaten der USA von BBQ spricht, ist die Zubereitung von Schweinefleisch gemeint. Dabei sind die individuellen Vorlieben ganz unterschiedlich: Manchem Gaumen sagt die Schulter eher zu, andere favorisieren dagegen die Ribs. Auch wenn einst alles als „Whole Hog BBQ" begann, kann man mit den heute erhältlichen mobilen Smokern auch Teilstücke optimal zubereiten.

Schweineschulter oder Nacken sind gut von Fett durchzogen und sorgen so für ein saftiges Ergebnis. Gart man einen Krustenbraten bei höherer Temperatur, begeistert dieser durch die krosse, leckere Kruste. Ribs bringen durch die Vielzahl der Zubereitungsmöglichkeiten Abwechslung auf den Teller, während Klassiker wie Pulled Pork über Stunden den Einsatz des Pitmasters fordern.

Ganz egal, für welchen Zuschnitt Sie sich entscheiden: Schweinefleisch liegt im Vergleich zu anderen Fleischsorten eher im unteren bzw. mittleren Preissegment. Vorteilhaft ist bei der Verwendung von Schweinefleisch auch, dass es keine großen Auswirkungen hat, wenn man das Chilipulver im Rub etwas ungenau dosiert ...

PULLED PORK

Bei der Zubereitung von Pulled Pork (PP) wird Schweinefleisch solange bei niedriger Temperatur (siehe Kasten) gegart, bis es auseinanderfällt oder man es ohne Werkzeug auseinanderzupfen (pullen) kann. Dieser Arbeitsschritt ist immer identisch.

Für den individuellen Geschmack sorgen Rubs und Mopps, die nach Belieben miteinander kombiniert werden können.

Ein paar TIPPS für perfektes Pulled Pork:

≈ Die Temperatur sollte 110 °C nie übersteigen. Das Fleisch gart dann zwar schneller, ist aber nicht weich und saftig.

≈ Kalkulieren Sie ausreichend Zeit ein. Mit 20 Stunden sind Sie immer auf der sicheren Seite. Das fertig gegarte Fleisch lässt sich vor dem Pullen optimal in einer Kühlbox in Alufolie eingewickelt aufbewahren. Es wird dabei sogar noch weicher und saftiger. Also lieber etwas früher fertig werden als warten.

≈ Bei circa 72–77 °C setzt die sogenannte Plateauphase ein, in der sich Sehnen und Bindegewebe zersetzen. Dazu wird Energie benötigt, wodurch die Kerntemperatur fällt. Lassen Sie sich jetzt auf keinen Fall aus der Ruhe bringen und erhöhen Sie nicht die Pit-Temperatur.

≈ „Deckel auf – Deckel zu" ist Gift fürs BBQ. Der Deckel sollte nur zum Moppen geöffnet werden.

≈ Schulter oder Nacken sind ideal für PP, beides ist sehr durchwachsen und geschmacksintensiv.

≈ PP eignet sich optimal zum Einfrieren und Aufwärmen. Lassen Sie sich also nicht von der Menge abschrecken, sondern denken Sie auch an morgen – falls überhaupt etwas übrig bleibt …

Pullen Step-by-step

1 Nach 16–20 Stunden Garzeit im Smoker beträgt die Kerntemperatur 95 °C und das Fleisch ist bereit zum Pullen. Thermoisolierte Handschuhe schützen die Hände vor der Hitze im Fleisch.

2 Nur mit den Händen, ganz ohne sonstige Hilfsmittel, lässt sich das Fleisch zerfasern. Sie sehen auf dem Foto eine Oberschale ohne Knochen. Bei einer Schulter lässt sich das Schulterblatt aus dem Fleisch ziehen, ohne dass etwas daran hängen bleibt.

3 Das innere helle, weiche Fleisch wird gründlich mit der krossen, rauchig-würzigen Kruste vermengt, dadurch werden die verschiedenen Texturen und Aromen gut miteinander vermischt.

4 Wichtiger Bestandteil beim Pulled Pork ist eine gute Sauce, die jetzt noch zugegeben wird. Sie intensiviert den Geschmack und sorgt für die nötige Saftigkeit. Ist das Fleisch noch zu mild, können Sie an dieser Stelle nachwürzen.

5 Zusammen mit der Sauce wird alles noch einmal gut durchmischt, dabei werden größere Stücke zerkleinert.

6 Sie können Pulled Pork mit Krautsalat im Burgerbun (siehe unten) servieren – für viele Smoker-Fans die einzig wahre Art, PP zu genießen.

Jamaican Jerk

Auf Jamaica gibt es Schweine, also kennt man hier auch BBQ. Nur die Bezeichnung ist eine andere, dort wird es *Jerk* genannt. Ein klassisches Jerk-Rezept von der Karibikinsel wird folgendermaßen zubereitet:

Zutaten:

Jerk-Rub

6	EL	Zwiebelpulver
6	EL	Röstzwiebeln
2	EL	Piment, gemahlen
2	EL	schwarzer Pfeffer, frisch gemahlen
2	EL	Cayennepfeffer
2	EL	Zucker
4½	TL	Thymian, getrocknet
1½	TL	Muskat, gemahlen
½	TL	Chilipulver

Fleisch

3–5	Kilo	Schweineschulter, abgeschwartet, oder ein entsprechendes Stück Nacken

Jerk-Mopp

Die andere Hälfte des Jerk-Rubs, der nicht zum Rubben benötigt wird

3	Tassen	Apfelessig
1		Zwiebel, in dünne Streifen geschnitten

Zubereitung:

1. Am Vortag des BBQs die Rub-Zutaten vermischen und das Fleisch mit der Hälfte des Rubs gut massieren. Das Fleisch dicht in Folie wickeln und über Nacht im Kühlschrank durchziehen lassen.
2. Das Fleisch vier Stunden vor dem BBQ aus dem Kühlschrank nehmen und bei Raumtemperatur stehen lassen.
3. Den Smoker auf circa 100 °C heizen.
4. Die Mopp-Zutaten verrühren und auf kleiner Flamme erhitzen, bis sich der Rub im Essig gelöst hat.
5. Das Fleisch in den Smoker legen und solange garen, bis eine Kerntemperatur von 90–95 °C erreicht ist. Während des Garvorgangs wird das Fleisch alle 1½ Stunden gründlich gemoppt.
6. Das fertige Fleisch in Alufolie wickeln und 20 Minuten stehen lassen, dann pullen und mit einer guten Sauce vermischen. Hierzu passt eine fruchtig-scharfe Sauce oder ein Chutney.

Memphis Style Pulled Pork

Das Lieblings-PP des King of Rock 'n' Roll ist zugleich süß und scharf. Es wird nicht gemoppt, dafür kommt aber eine eigene Sauce dazu.

Zutaten:

Memphis-Rub

2	EL	Paprikapulver, edelsüß
1	EL	Salz
1	EL	Zwiebelpulver
2	EL	schwarzer Pfeffer, frisch gemahlen
1½	TL	Cayennepfeffer

Fleisch

3	Kilo	Schweinenacken am Stück

Memphis BBQ-Sauce

2	Tassen	Ketchup
2	Tassen	Zwiebeln, gehackt
1	Tasse	Rotweinessig
2		Knoblauchzehen, gehackt
¼	Tasse	Senf
¼	Tasse	brauner Zucker
1	TL	Tabasco

Zubereitung:

1. Am Vortag des BBQs die Rub-Zutaten vermischen und das Fleisch mit der Hälfte des Rubs gut massieren. Das Fleisch dicht in Folie wickeln und über Nacht im Kühlschrank durchziehen lassen.
2. Das Fleisch vier Stunden vor dem BBQ aus dem Kühlschrank nehmen, bei Raumtemperatur stehen lassen und mit der zweiten Hälfte des Rubs massieren.
3. Den Smoker auf circa 100 °C heizen, das Fleisch in den Smoker legen und bis zu einer Kerntemperatur von 90–95 °C garen.
4. Inzwischen die Zutaten für die Sauce in einem Topf vermischen, solange köcheln, bis die Zwiebeln weich sind und abkühlen lassen.
5. Nach der Garzeit das Fleisch in Alufolie wickeln, für 20 Minuten stehen lassen, dann pullen und mit der Hälfte der Sauce vermischen. Mit Krautsalat und der restlichen BBQ-Sauce auf Burgerbuns servieren.

TexMex Pulled Pork

Dieses Rezept stammt aus Texas. Das Fleisch kommt ohne Rub und Mopp aus und wird stattdessen nur am Anfang mit einer Sauce eingerieben. Danach müssen Sie nichts mehr tun …

Zutaten:

Sauce

500	ml	passierte Tomaten
3–4		grüne Chilis, gewürfelt
1	Tasse	BBQ-Sauce nach Geschmack
½		Zwiebel, gewürfelt
½	Tasse	Koriander, gehackt
4	EL	Chilipulver
1	TL	Oregano, getrocknet
1	TL	Cumin, gemahlen
½	TL	Zimt
½	TL	schwarzer Pfeffer, frisch gemahlen

Fleisch

3	Kilo	Schweinerücken, ausgelöst

Zubereitung:

1. Das Fleisch vier Stunden vor dem BBQ aus dem Kühlschrank nehmen und bei Raumtemperatur stehen lassen.
2. Den Smoker auf circa 100 °C heizen.
3. Die Zutaten für die Sauce, bis auf den Koriander, verrühren und auf kleiner Flamme solange erhitzen, bis sich alles gelöst hat und die Zwiebeln weich sind.
4. Das Fleisch gründlich mit der Sauce einreiben, in den Smoker legen und bis zu einer Kerntemperatur von 90–95 °C garen.
5. Nun in Alufolie wickeln und für 20 Minuten stehen lassen, dann pullen und mit der restlichen Sauce und dem Koriander vermischen.

Wenn man Schweinefleisch bei Temperaturen um die 100 °C im Smoker zubereitet, muss man die Schwarte entfernen. Sie wird ledrig und zäh, außerdem verhindert sie, dass Rub und Mopp bis ans Fleisch vordringen und nimmt wertvolle Krustenfläche.

The Renowned Mr. Brown

Im Südstaatenslang versteht man unter „Mr. Brown" die dunkle und rauchige Außenseite von gesmoktem Schweinefleisch. Die ständige Weiterentwicklung dieses alten Rezeptes hat es zu dem gemacht, was der Name schon vermuten lässt: eine Berühmtheit.

Zutaten:

Southern Succor-Rub

¼	Tasse	schwarzer Pfeffer, frisch gemahlen
¼	Tasse	Paprikapulver, edelsüß
¼	Tasse	brauner Zucker
2	EL	Salz
2	EL	Senfpulver
1	TL	Cayennepfeffer

Fleisch

3–5	Kilo	Schweineschulter, abgeschwartet, oder ein entsprechendes Stück Nacken

Southern-Mopp

Die andere Hälfte des Souther Succor-Rub, der nicht zum Rubben benötigt wird

2	Tassen	Apfelessig
1	Tasse	Wasser
3	EL	schwarzer Pfeffer, frisch gemahlen
2	EL	Salz
1	EL	Worcester-Sauce
1	EL	Paprikapulver, edelsüß
1	EL	Cayennepfeffer

Zubereitung:

1. Am Vortag des BBQs die Rub-Zutaten vermischen und das Fleisch mit der Hälfte des Rubs gut massieren. Das Fleisch dicht in Folie wickeln und über Nacht im Kühlschrank durchziehen lassen.
2. Das Fleisch vier Stunden vor dem BBQ aus dem Kühlschrank nehmen und bei Raumtemperatur stehen lassen.
3. Den Smoker auf circa 100 °C heizen.
4. Die Mopp-Zutaten verrühren und auf kleiner Flamme solange erhitzen, bis sich alles gelöst hat.
5. Das Fleisch in den Smoker legen und bis zu einer Kerntemperatur von 90–95 °C garen. Alle 1½ Stunden gründlich moppen.
6. Das gegarte Fleisch in Alufolie wickeln und für 20 Minuten stehen lassen, dann pullen und mit einer BBQ-Sauce nach Geschmack vermischen.

RIBS

Unter den klassischen BBQ-Gerichten findet man unzählige Variationen von Ribs. Essbar sind sie bereits, wenn man sie einfach für zehn Minuten auf den Grill legt … Mit BBQ-Ribs, die diesen Namen verdienen, hat das allerdings nichts zu tun. „Richtige" BBQ-Ribs haben einen anderen Zuschnitt, und auch in der Würzung unterscheiden sie sich. Werden sie mit einer Sauce bestrichen und gesmoked, heißen sie Wet Ribs. Bleiben sie während der gesamten Garzeit trocken, nennt man sie Dry Ribs. Es gibt auch viele verschiedene Zubereitungsarten, die jedoch alle eines gemeinsam haben: Gute Ribs brauchen viel Zeit und niedrige Temperaturen. Sie werden sonst hart und zäh und lassen sich nicht vom Knochen lösen. Wer das mag, kann natürlich mit hohen Gartemperaturen Ribs zubereiten, an denen man herumknabbern kann, Ziel ist es aber eigentlich, den „fall off the bone"-Effekt zu erreichen. Und das gelingt am besten, wenn Sie die folgenden Punkte beachten:

Offen, low & slow:

Die Ribs werden meist gerubbt und dann mit der Fleischseite nach oben in den Smoker gelegt. Hier werden sie bei 110 °C langsam 4–6 Stunden gegart, bis sich das Fleisch zurückgezogen hat und die Knochenenden herausschauen. Wenn sich die Knochen aus dem Fleisch ziehen lassen, werden die Slabs entweder mit einer BBQ-Sauce bestrichen und noch etwas weitergegart (Wet Ribs) oder vom Smoker genommen (Dry Ribs). Nach Belieben wird auch Rauch eingesetzt.

Vorgaren:

Die gerubbten Slabs werden so gut wie möglich luftdicht verpackt. Das kann einzeln in Alufolie sein oder bei größeren Mengen in einer hitzebeständigen Auflaufform, die ebenfalls mit Alufolie dicht abgeschlossen wird. So eingepackt werden sie entweder mit oder ohne Sauce 2½–3 Stunden bei 110 °C vorgegart. Das kann im Smoker oder auch im Backofen passieren, da das Fleisch durch die Folie sowieso noch keinen Rauch aufnehmen kann. Sie werden quasi im eigenen Saft gedämpft und dadurch extrem zart und weich. Danach packt man sie aus, legt sie vorsichtig in den Smoker und streicht sie mit einer BBQ-Sauce ein. Nach etwa 1½ Stunden und 2–3-maligem Glacen sind die Ribs fertig. Bei dieser Methode ist der Rauchgeschmack sehr dezent. Das Fleisch nimmt den Rauch am Anfang am intensivsten auf, also dann, wenn diese Ribs noch luftdicht verpackt sind.

3-2-1:

Eine sehr populäre Methode ist die 3-2-1-Methode. Es ist eine Kombination der beiden ersten Varianten. Zuerst drei Stunden gerubbt offen im Rauch, dann zwei Stunden verpackt, und dann noch mal eine Stunde offen zum Glacen.

Vorkochen:

Bei dieser Variante werden die Ribs in Salzwasser vorgekocht. Sie werden zwar weich, schmecken aber nach Kassler und wie gepökelt. Diese Methode gilt unter Insidern als unsportlich und wird so gut wie nie praktiziert.

Ribs vorbereiten

Die verschiedenen Zuschnitte sind ein weiteres Merkmal zur Unterscheidung von Ribs. Zunächst wird die komplette Rippenseite grob in zwei Teile gesägt. Der obere Teil hat circa 10 cm lange Knochen und ist schön fleischig. Dies sind die ersten 10 cm, die direkt an der Wirbelsäule anschließen. In der Sprache des BBQ heißen sie Loin- oder Babybackribs. In Deutschland nennt man sie Leiterchen oder Kotelettrippen. Darunter sitzen die Spareribs. Sie sind länger als die Babybacks und enden in den Brustknorpeln. Schneidet man diese weg, entsteht ein Trimm, der sich St. Louis-Cut nennt, ein weiterer, sehr bekannter Schnitt.

Auf der Knochenseite befindet sich eine dünne, silberne Membran. Diese Knochenhaut muss entfernt werden, da sie verhindert, dass die Würze der Rubs oder Marinaden in das Fleisch eindringt. Außerdem ist sie schwer zu kauen. Am besten nimmt man zur Entfernung dieser Membran einen stumpfen Gegenstand, zum Beispiel einen Schraubenzieher und etwas Küchenpapier. Man schiebt dann den Schraubenzieher zwischen Knochen und Membran und zieht sie mit dem Küchenpapier ab. Manchmal gelingt dies in einem Stück.

Bevor die Ribs gerubbt werden und Sie mit dem BBQ beginnen können, ist also etwas Arbeit erforderlich. Hier sehen Sie, wie aus einer schlichten Rippenseite ein echter St. Louis-Cut wird.

1 Die ganze Rippenseite. Der Bauchlappen ist im vorderen Teil zu sehen. An der anderen Seite saßen die Babybacks.

2 Mit einem scharfen Messer werden die Brustknorpel am Ansatz zum Knochen durchtrennt.

3 Die weißen Knorpelenden heißen „Rib Tips".

4 Jetzt muss die Membran entfernt werden. Mit einem Stück Küchenpapier als Hilfsmittel …

5 … gelingt das meist in einem Zug.

6 Lose Fleischteile und Knorpelreste werden einfach weggeschnitten.

7 Jetzt fehlt nur noch der Rub und dann kann es losgehen.

Apple City Babybacks

Von den BBQers aus Murphysboro, Illinois, einem erfolgreichen Wettkampfteam aus den USA, stammt dieses Rezept mit der Apfelnote.

Zutaten:

Cheryls Cider-Soak

1½	Tassen	Apfelsaft oder Cidre
½	Tasse	Apfelessig
½		Zwiebel, gehackt
1½	EL	Worcester-Sauce
1	EL	Olivenöl
1	TL	Zimt
1	TL	Thymian, getrocknet

Fleisch

2	Slabs	Babybackribs

Apple Rib-Rub

¼	Tasse	brauner Zucker
4	TL	Zwiebelpulver
1	TL	Zimt
1	TL	Senfpulver
1	TL	Salz
½	TL	Thymian, getrocknet

Apple Rib-Mopp

1½	Tassen	Apfelsaft oder Cidre
½	Tasse	Apfelessig
4	TL	Worcester-Sauce

Apple City Apple-Sauce

½	Tasse	Butter
1		Zwiebel, fein gehackt
2½	Tassen	Apfelsaft oder Cidre
2	EL	Zuckerrübensirup
2	EL	Worcester-Sauce
2	EL	Apfelessig
2	EL	Tomatenmark
½	TL	Chilipulver
½	TL	Zimt
½	TL	Salz

Zubereitung:

1. Am Vortag des BBQs die Soak-Zutaten vermischen, die Ribs hineinlegen und im Kühlschrank marinieren.
2. Die Rub-Zutaten gut vermischen und beiseite stellen.
3. Drei Stunden vor dem BBQ die Ribs herausnehmen, abtupfen und mit etwa der Hälfte des Rubs einreiben. Kurz vor dem Smoken die zweite Hälfte des Rubs einmassieren.
4. Den Smoker auf 110 °C heizen und die Ribs für vier Stunden smoken.
5. Zwischendurch die Mopp-Sauce mischen, etwas erwärmen und die Ribs einmal pro Stunde moppen.
6. In der letzten Stunde zweimal mit der Apple-Sauce glacen. Die Ribs sind fertig, wenn sie fast vom Knochen fallen und die Sauce karamellisiert.

Bourbon-Glaced Ribs

Whiskey in einer Sauce auf Ribs zu essen macht sicherlich genauso viel Spaß wie ihn zu trinken. Die Sauce schmeckt übrigens nicht nur auf Ribs – man sollte also unbedingt auch etwas davon auf den Tisch stellen.

Zutaten:

Rib-Rub

½	Tasse	Pfeffer, frisch gemahlen
¼	Tasse	Paprikapulver, edelsüß
2	EL	Zucker
1	EL	grobes Salz
1	EL	Chilipulver
1½	TL	Knoblauchpulver
1½	TL	Zwiebelpulver

Fleisch

3	Slabs	St. Louis-Cut oder 4 Slabs Babybackribs

Bourbon-Mopp

½	Tasse	Bourbon
½	Tasse	Apfelessig

Bour BBQ-Sauce

¼	Tasse	Butter
¼	Tasse	Olivenöl
2		Zwiebeln, fein gehackt
¾	Tasse	Bourbon
½	Tasse	Ketchup
½	Tasse	Apfelessig
½	Tasse	Orangensaft
½	Tasse	Ahornsirup
2	EL	Worcester-Sauce
½	TL	schwarzer Pfeffer, frisch gemahlen
½	TL	Salz

Zubereitung:

1. Am Tag vor dem BBQ die Rub-Zutaten vermischen, die Hälfte auf den Ribs verteilen und gut einmassieren. Ribs in Folie wickeln und kaltstellen.
2. Die Ribs drei Stunden vor dem BBQ auspacken und mit der zweiten Hälfte des Rubs einreiben.
3. Den Smoker auf 110 °C heizen und die Ribs offen für vier Stunden smoken.
4. Zwischendurch die Mopp-Sauce mischen, etwas erwärmen und die Ribs nach 1½ und nach drei Stunden moppen.
5. Währenddessen für die Sauce Butter und Öl erhitzen und die Zwiebeln fünf Minuten darin anschwitzen. Die restlichen Zutaten dazugeben und alles zusammen 40 Minuten köcheln lassen.
6. Die Ribs 45 Minuten vor Ende der Garzeit gründlich mit der Sauce einstreichen und diesen Vorgang eventuell noch einmal wiederholen.
7. Den Rest der Sauce etwa auf ein Drittel einkochen und zu den Ribs servieren.
8. Die Ribs sind fertig, wenn das Fleisch weich und die Sauce eingedickt und „klebrig" ist und die Oberfläche schön glänzt. Mit zusätzlicher BBQ-Sauce nach Geschmack servieren.

Fruity-style Cinnamon Ribs

Das sind die Sieger-Ribs bei der Deutschen Grillmeisterschaft in der Kategorie „Ribs". Meisterlich.

Zutaten:

Rub

2	TL	Knoblauch, granuliert
3	EL	Salz
10	EL	brauner Rohrzucker
2	TL	Selleriesalz
2	TL	Chiliflocken
2	TL	Thymian, getrocknet
2	TL	Pfeffer

Fleisch

4	Slabs	Babybackribs

Sauce

4	Tassen	Orangensaft
8	EL	Worcester-Sauce
8	EL	Balsamico-Essig
12		Knoblauchzehen, püriert
3	cm	Ingwer, geschält und gerieben
12	EL	Zuckerrübensirup
4	TL	Zimt
12	EL	Honig
8	EL	Tabasco

Zubereitung:

1. Die Rub-Zutaten am Vortag des BBQs vermischen, auf den Ribs verteilen und gut einmassieren. Ribs in Folie wickeln und über Nacht kaltstellen.
2. Für die Sauce alle Zutaten vermischen und erhitzen, bis Zuckerrübensirup und Honig sich gelöst haben.
3. Die Ribs einzeln mit der Fleischseite nach oben auf Alufoliebögen, circa 30 x 40 cm, legen und die Ränder etwas nach oben ziehen. Die erwärmte Sauce auf die Päckchen verteilen und die Alufolie möglichst luftdicht verschließen.
4. Den Smoker auf 110 °C bringen und die Päckchen für 2–2½ Stunden garen.
5. Die Slabs vorsichtig auspacken, sie sind jetzt sehr weich. Die Sauce in einer Schüssel auffangen, passieren und auf ein Drittel reduzieren.
6. Anschließend die Ribs noch eine Stunde lang bei 120 °C offen im Smoker finishen, dabei zwei- bis dreimal mit der Sauce glacen.

Kansas City Sloppy Fingerlickin' Ribs

Dieses Rezept stammt aus Kansas City. Sie sollten unbedingt dafür sorgen, dass genügend Servietten greifbar sind, denn es eignet sich – wie der Name vermuten lässt – hervorragend zum Kleckern ...

Zutaten:

Fingerlickin'-Rub

1	Tasse	brauner Zucker
½	Tasse	Paprikapulver, edelsüß
2½	EL	schwarzer Pfeffer, frisch gemahlen
2½	EL	grobes Salz
1½	EL	Chilipulver
1½	EL	Zwiebelpulver
1–2	TL	Cayennepfeffer

Fleisch

3	Slabs	St. Louis-Cut oder
		4 Slabs Babybackribs

**Kansas City Masterpiece BBQ-Sauce
(aus dem Fachhandel)**

Zubereitung:

1. Am Tag vor dem BBQ die Rub-Zutaten vermischen, ein Drittel auf den Ribs verteilen und gut einmassieren. Dann die Ribs in Folie wickeln und kaltstellen.
2. Die Ribs drei Stunden vor dem BBQ auspacken und mit einem weiteren Drittel des Rubs einreiben.
3. Den Smoker auf 110 °C heizen und die Ribs offen für vier Stunden smoken. Nach der Hälfte der Zeit mit dem letzten Drittel des Rubs bestreuen.
4. Die Ribs 45 Minuten vor Garzeitende gründlich mit der Sauce einstreichen und diesen Vorgang eventuell noch einmal wiederholen.
5. Die Ribs sind fertig, wenn das Fleisch weich ist und die Sauce dick und „klebrig" glänzt.
6. Mit zusätzlicher BBQ-Sauce servieren.

Lone Star Ribs

Im Unterschied zu den Wet Ribs mit BBQ-Sauce, die man an der Ost-küste zubereitet, bleiben diese für Texas typischen Ribs trocken.

Zutaten:

Lone Star-Rub

½	Tasse	Pfeffer, frisch gemahlen
¼	Tasse	Paprikapulver
2	EL	Zucker
1	EL	Salz
1	EL	Chilipulver
1½	TL	Knoblauchpulver
1½	TL	Zwiebelpulver

Fleisch

3	Slabs	St. Louis-Cut oder
		4 Slabs Babybackribs

Lone Star-Mopp

½	Tasse	Wasser
2	Tassen	Bier
½	Tasse	Apfelessig
¼	Tasse	Olivenöl
½		Zwiebel, gewürfelt
2	Knollen	Knoblauch, fein gehackt
1	EL	Worcester-Sauce
1	EL	Lone Star-Rub

Zubereitung:

1. Die Rub-Zutaten am Tag vor dem BBQ vermischen, die Hälfte auf den Ribs verteilen, gut einmassieren und die Ribs in Folie wickeln und kaltstellen.
2. Die Ribs drei Stunden vor dem BBQ auspacken und mit der zweiten Hälfte des Rubs einreiben. Einen Esslöffel des Rubs aufheben.
3. Den Smoker auf 110 °C heizen und die Ribs für 5–6 Stunden smoken.
4. Zwischendurch die Mopp-Sauce mischen, etwas erwärmen und die Ribs einmal pro Stunde damit moppen. Sie sind fertig, wenn sie beinahe vom Knochen fallen.

5 – 6 Stunde
3 St. mit
2 St. ohne

Thai Phoon Babybacks

Asiatische Aromen passen hervorragend zu Ribs, warum also nicht einmal Thai-Style probieren? Mit dem passenden Dip eignen sich diese Ribs wunderbar als Fingerfood.

Zutaten:

Thai-Phoon Marinade

1½	Tassen	Ananasstücke
2	EL	Fischsauce, alternativ Soja-Sauce
¼	Tasse	Limettensaft
3		Knoblauchzehen, fein gehackt
1½	Halme	Zitronengras, zerkleinert

Fleisch

2	Slabs	Babybackribs

Thai-Phoon Dipping-Mopp

2	EL	Erdnussöl
½	Halm	Zitronengras, zerkleinert
2		Knoblauchzehen, fein gehackt
1½	Tassen	Ananasstücke
¾	Tasse	Apfelessig
¼	Tasse	Zucker
2	EL	Fischsauce
1–2	TL	Chiliflocken
1–2	EL	Koriander, gehackt

Zubereitung:

1. Die Zutaten für die Marinade am Vortag des BBQs fein pürieren und die Slabs darin einlegen. Ab und zu wenden, damit die Marinade überall einziehen kann.
2. Die Ribs drei Stunden vor dem BBQ herausneh-men, abtupfen und die Marinade mit ½ Tasse Was-ser aufkochen. Die aufgekochte Marinade dient als Mopp-Sauce für die Ribs.
3. Den Smoker auf 110 °C heizen und die Ribs für vier Stunden smoken.
4. Zwischendurch die Mopp-Sauce mischen, etwas erwärmen und die Ribs einmal pro Stunde damit moppen.
5. Währenddessen das Zitronengras und den Knob-lauch für den Dip fünf Minuten in Öl auf kleiner Flamme weichgaren. Die restlichen Zutaten bis auf den Koriander hinzugeben, aufkochen und auf ein Drittel reduzieren. Zum Schluss den Koriander ein-rühren und den Dip warm zu den Ribs servieren.

SPECIALS

Außer den Klassikern Pulled Pork und Ribs gibt es natürlich noch eine Vielzahl von Schweinefleischgerichten, die sich hervorragend für die Zubereitung im Smoker eignen. Bei Smokern, die man auf verschiedene Temperaturen heizen kann, ist die Auswahl umso größer.

Gefüllter Schweinerücken Mexicano

Die Kombination aus einer Früchte-Salsa mit würziger Chorizo gibt diesem Gericht den richtigen Pepp. Es ist zwar etwas aufwändiger, lohnt aber die Mühe.

Zutaten:

Sweet Sensation-Rub

1	EL	Piment, gemahlen
1	EL	brauner Zucker
1	EL	Zwiebelpulver
1½	TL	Salz
½	TL	Muskat, gemahlen
½	TL	Zimt
½	TL	Thymian, getrocknet

Fleisch

Circa 4 Kilo	Schweinerücken, längs mit einer Tasche für die Füllung versehen

Salsa

1	Tasse	Orangensaft
2		reife Tomaten
1		reife Banane, gewürfelt
½		Zwiebel, fein gehackt
1		frische Chili, fein gehackt
2	TL	Olivenöl
1	TL	Chilipulver
2		Knoblauchzehen, fein gehackt
1	Spritzer	Apfelessig

Füllung

200	g	frisches Chorizobrät, optional fein gehackte getrocknete Chorizo
1		Ei
½		Zwiebel, fein gehackt
3		Frühlingszwiebeln, in Ringe geschnitten

Mexicana-Mopp

Saft von 2 Orangen		
½	Tasse	Apfelessig
½	Tasse	Wasser
1	EL	Olivenöl
2		Knoblauchzehen, fein gehackt

Zubereitung:

1. Den Rub am Vortag des BBQs mischen und das Fleisch innen und außen gut damit einreiben. In Folie wickeln und im Kühlschrank über Nacht marinieren.

2. Die Zutaten für die Salsa vor dem BBQ vermengen und zum Durchziehen kühl beiseite stellen.

3. Das Fleisch aus dem Kühlschrank nehmen und den Smoker auf 110 °C heizen.

4. Die Füllung gut vermengen und in die Tasche des Schweinerückens füllen. Den Braten anschließend mit Garn zusammenbinden.

5. Die Mopp-Zutaten mischen und erhitzen.

6. In einer Pfanne das Fleisch von allen Seiten scharf anbraten (bei Barrel- oder Offset-Smokern bietet sich hier die Sidefirebox an) und in den Smoker legen.

7. 2–2½ Stunden smoken und dabei alle 30 Minuten moppen.

8. Danach 2 Esslöffel Mopp-Sauce und ½ Tasse der Salsa über das Fleisch verteilen, dicht in Alufolie packen und noch einmal für circa eine Stunde in den Smoker legen.

9. Das fertige Fleisch in Scheiben schneiden und mit der restlichen Salsa servieren.

Karibischer Schweinenacken

Karibisch, fruchtig – ein Traum. Ein Hauch von Rum und die Mango-Sauce machen das Südsee-Feeling perfekt.

Zutaten:

Caribbean-Rub

1	EL	brauner Zucker
2	TL	Piment, gemahlen
2	TL	Zwiebelpulver
½	TL	Thymian, getrocknet
1	TL	Salz
½	TL	Muskat

Fleisch

2½	Kilo	Schweinenacken
4	EL	dunkler Rum zum Einreiben des Fleisches

Caribbean-Mopp

1	Tasse	Hühnerbrühe
½	Tasse	Apfelessig
1	Tasse	Wasser
¼	Tasse	dunkler Rum
2	EL	Olivenöl

Mango-Sauce

1		Mango, kleingeschnitten
2	EL	Mango-Chutney
½		Zwiebel, fein gehackt
½	Tasse	Hühnerbrühe
2–3	EL	dunkler Rum
2	EL	Kokosmilch, cremig
1	TL	Caribbean Rub
1	Spritzer	Tabasco
2	TL	Butter

Zubereitung:

1. Den Rub am Vortag des BBQs mischen und das Fleisch erst mit dem Rum und dann mit der Hälfte des Rubs gut einreiben. In Folie wickeln und im Kühlschrank über Nacht marinieren.
2. Das Fleisch aus dem Kühlschrank nehmen, nochmals rubben und den Smoker auf 110 °C heizen.
3. Die Mopp-Zutaten mischen und erhitzen.
4. Das Fleisch 4½–5 Stunden smoken und dabei alle 30 Minuten moppen.
5. Inzwischen Mango, Zwiebel und Chutney pürieren. Mit den restlichen Zutaten mit Ausnahme der Butter vermischen und 20 Minuten köcheln lassen. Warm halten und die Butter erst kurz vor dem Servieren einrühren.
6. Den Nackenbraten in Scheiben schneiden und mit der warmen Sauce servieren.

Schweinefilet sweet & spicy

Honig und exotische Gewürze sorgen hier für den besonderen Geschmack. Am besten schmeckt das Schweinefilet mit einer fruchtigen BBQ-Sauce oder einem Chutney.

Zutaten:

Sweet Sensation-Rub

Rezeptur siehe Seite 74
„Gefüllter Schweinerücken Mexicano"

Fleisch

2		Schweinefilets

Sweet Honey-Mopp

Rest des oben genannten Rubs, der zum Rubben nicht benötigt wurde

1½	Tassen	Hühnerbrühe
2	EL	Olivenöl
1	EL	Apfelessig
2	EL	Honig

Zubereitung:

1. Die Filets am Vortag des BBQs erst etwas einölen und anschließend mit ein paar Esslöffeln des Rubs einreiben. In Folie packen und über Nacht im Kühlschrank marinieren.
2. Die Filets aus dem Kühlschrank nehmen und den Smoker auf 110 °C heizen.
3. Die Zutaten für die Mopp-Sauce vermischen und erhitzen.
4. In einer Pfanne die Filets von allen Seiten scharf anbraten (bei Barrel- oder Offset-Smokern bietet sich hier die Sidefirebox an) und in den Smoker legen.
5. 2–2½ Stunden smoken und dabei alle 30 Minuten moppen, die Filets sind fertig, wenn sie eine Kerntemperatur von 70 °C haben.

RIND

Ob Schweinefleisch sich besser zum Smoken eignet oder gar besser schmeckt oder ob man doch lieber zum Rindfleisch greift, ist Glaubenssache. In den Südstaaten der USA schwört man auf Schweinefleisch, für Texaner ist Rindfleisch das einzig Wahre und wahrscheinlich liegt die Wahrheit irgendwo dazwischen. Aber Fakt ist, dass wir Europäer keine der beiden BBQ-Varianten ausschließen sollten, wir würden einfach zuviel verpassen.

Natürlich kamen bei uns auch zuerst die Stücke in den Smoker, die zum Grillen und Braten ungeeignet waren, und daher oft bei der Zerlegung übrig blieben. Die klassischen Beispiele hierfür sind Brisket, also Rinderbrust, und Beef Ribs.

Heute behaupten sich zunehmend auch Filets, Roastbeef und Steaks im Smoker und es gibt zahlreiche Rezepte und Zubereitungsarten für diese Zuschnitte. Zum Glück ...

BRISKET

Mit etwas Zeit und der richtigen Methode wird selbst das zäheste Stück Fleisch zart und genieß-bar. Brisket ist genau ein solches Stück Fleisch, wahrscheinlich eines der zähesten überhaupt. Wenn Sie es richtig zu-bereiten, ist Brisket al-lerdings an Geschmack und Zartheit kaum zu übertreffen.

Was ist ein BRISKET überhaupt?

Brisket, zu Deutsch Rinderbrust, liegt beim Rind unterhalb der Querrippe und teilt sich auf in Point Cut (Brust-spitze) und Flat Cut (Brustkern). Der Point Cut ist fleischiger und fetter, also bestens zum BBQ geeignet. Dieses relativ preisgünstige Fleisch hat viel Bindegewebe und muss, ähnlich wie Pulled Pork, lange bei niedriger Tempe-ratur gegart werden. Nur dann bricht das Collagen im Fleisch auf und das Endergebnis wird zart und saftig.

Braggin' Rights Brisket

Mit diesem Brisket hat man in der Tat das Recht zum Prahlen. Dieses stimmige, klassische Rezept kann geschmacklich auf jeden Fall überzeugen.

Zutaten:

Wild Willy's Number 1-derful Rub

½	Tasse	Paprikapulver, edelsüß
¼	Tasse	Pfeffer, frisch gemahlen
¼	Tasse	grobes Salz
¼	Tasse	Zucker
2	EL	Chilipulver
2	EL	Knoblauchpulver
2	EL	Zwiebelpulver
2	EL	Cayennepfeffer

Fleisch

4–6	Kilo	Brisket

Basic Beer-Mopp

½	Liter	Bier
½	Tasse	Apfelessig
½	Tasse	Wasser
¼	Tasse	Olivenöl
½		Zwiebel, gehackt
2		Knoblauchzehen, gehackt
1	EL	Worcester-Sauce
1	EL	Wild Willy's Number 1-derful Rub (siehe oben)

Zubereitung:

1. Die Rub-Zutaten am Vortag des BBQs vermischen und das Fleisch damit von allen Seiten rundherum gut massieren. Das Fleisch dicht in Folie wickeln und über Nacht im Kühlschrank durchziehen lassen.
2. Das Fleisch vier Stunden vor dem BBQ aus dem Kühlschrank nehmen und bei Raumtemperatur stehen lassen.
3. Den Smoker auf circa 100 °C heizen.
4. Die Mopp-Zutaten verrühren und auf kleiner Flamme erhitzen.
5. Das Fleisch mit der Fettseite nach oben in den Smoker legen und bis zu einer Kerntemperatur von 90–95 °C garen. Alle 1½ Stunden gründlich moppen.
6. Nach Ende der Garzeit das Fleisch noch 20 Minuten in Alufolie ruhen lassen und dann die fettere Oberseite von der Unterseite trennen. Der Schnitt sollte dabei in einer Fettschicht verlaufen, die leicht zu erkennen ist.
7. Beide Seiten dünn gegen die Faser aufschneiden und mit BBQ-Sauce servieren.

Brisket Express

Dieses Rezept eignet sich hervorragend für Pitbosse, die keinen Barrel-Smoker haben oder sich nicht ständig ums Feuer kümmern wollen. Der Rauchgeschmack kommt hier vom Rauchsalz und aus der Flasche und die Garzeit beträgt nur fünf Stunden.

Zutaten:

Express-Rub

2	EL	Rauchsalz
2	EL	brauner Zucker
2	EL	Paprikapulver
2	EL	Chilipulver
2	EL	schwarzer Pfeffer, frisch gemahlen

Fleisch

2–3	Kilo	Brisket

Express-Marinade

2	EL	Express-Rub
2	Tassen	Bier
1		Zwiebel, fein gehackt
½	Tasse	Apfelessig
¼	Tasse	Olivenöl
2		Chilis
2	EL	Liquid Smoke

Zubereitung:

1. Die Rub-Zutaten am Vortag des BBQs vermischen, zwei Esslöffel davon mit den Zutaten für die Marinade pürieren und das Fleisch damit von allen Seiten rundherum gut einreiben. Dicht in Folie wickeln und über Nacht im Kühlschrank durchziehen lassen.
2. Das Fleisch vier Stunden vor dem BBQ aus dem Kühlschrank nehmen, die Marinade mit einem Küchenkrepp abtupfen und das Fleisch mit dem übrigen Rub rubben. Zwei Esslöffel des Rubs aufbewahren.
3. Den Smoker auf circa 100 °C heizen und das Brisket drei Stunden smoken.
4. Danach mit den zwei Esslöffeln Rub bestreuen und in Alufolie wickeln.
5. Noch einmal zwei Stunden garen.
6. Nach der Garzeit noch 20 Minuten in der Alufolie ruhen lassen und dann die fettere Oberseite von der Unterseite trennen. Der Schnitt sollte dabei in einer Fettschicht verlaufen, die leicht zu erkennen ist.
7. Beide Seiten dünn gegen die Faser aufschneiden und mit einer rauchigen BBQ-Sauce oder Meerrettich servieren.

Non-Classic Brisket

In Dallas provoziert man mit diesem Rezept wahrscheinlich Stirnrunzeln, in unseren Breiten kann man es ruhig einmal probieren. Entgegen aller Tradition kommt dieses Brisket in eine Brine, also eine Lake, die hilft, das Fleisch zart zu machen.

Zutaten:

Brine

½	Tasse	Salz
1½	Liter	Wasser
6	EL	Zucker
¼	Tasse	Pökelgewürz

erst ohne Alu 3 h
dann in Alu 2 h

Fleisch

2–3	Kilo	Brisket

Non-Classic-Rub

¼	Tasse	Pfeffer, frisch gemahlen
¼	Tasse	Koriandersaat, zerstoßen
¼	Tasse	Senfsaat, zerstoßen
6	EL	Salz
2	EL	Knoblauchpulver

Zubereitung:

1. Die Brine-Zutaten am Vortag des BBQs vermischen und das Fleisch über Nacht im Kühlschrank darin einlegen.
2. Das Fleisch vier Stunden vor dem BBQ aus dem Kühlschrank nehmen, die Brine mit einem Küchenkrepp abtupfen und das Brisket bei Raumtemperatur zwei Stunden stehen lassen.
3. Den Rub auf dem Fleisch verteilen und gründlich einmassieren.
4. Den Smoker auf circa 110 °C heizen und das Brisket drei Stunden smoken.
5. Danach in Alufolie wickeln und noch einmal zwei Stunden garen.
6. Nach der Garzeit noch 20 Minuten in der Alufolie ruhen lassen und dann die fettere Oberseite von der Unterseite trennen. Der Schnitt sollte dabei in einer Fettschicht verlaufen, die leicht zu erkennen ist.
7. Beide Seiten dünn gegen die Faser aufschneiden und mit einer rauchigen BBQ-Sauce oder Meerrettich servieren.

Wet-Rubbed Brisket

Ein Wet-Rub ist dasselbe wie eine Paste. Er wird wie Paste oder Rub vor dem BBQen aufgetragen. Gemoppt wird das Fleisch in diesem Rezept nur mit Apfelsaft.

Zutaten:

Wet-Rub

3	EL	brauner Zucker
2	EL	Paprikapulver
1	EL	Cayennepfeffer
1	EL	Salz
1	EL	Zwiebelpulver
1	EL	schwarzer Pfeffer, frisch gemahlen
1	EL	Cumin
½	EL	Knoblauchpulver
4	EL	Worcester-Sauce
1	EL	Tabasco

Fleisch

5–6	Kilo	Brisket

Apfelsaft zum Moppen

Zubereitung:

1. Die Rub-Zutaten am Vortag des BBQs vermischen und das Fleisch damit von allen Seiten rundherum gut massieren. Das Fleisch dicht in Folie wickeln und über Nacht im Kühlschrank durchziehen lassen.
2. Das Fleisch vier Stunden vor dem BBQ aus dem Kühlschrank nehmen und bei Raumtemperatur stehen lassen.
3. Den Smoker auf circa 100 °C heizen.
4. Das Fleisch mit der Fettseite nach oben in den Smoker legen und bis zu einer Kerntemperatur von 90–95 °C garen. Alle 1½ Stunden gründlich moppen.
5. Nach der Garzeit noch 20 Minuten in Alufolie ruhen lassen und dann die fettere Oberseite von der Unterseite trennen. Der Schnitt sollte dabei in einer Fettschicht verlaufen, die leicht zu erkennen ist.
6. Beide Seiten dünn gegen die Faser aufschneiden und mit BBQ-Sauce servieren.

SPECIALS

Beef Jerky

Damit man auch unterwegs nicht auf einen Snack aus dem Smoker verzichten muss, haben die Cowboys Jerky erfunden. Als Jerky bezeichnet man im Smoker getrocknetes Rindfleisch, das lange haltbar und voller Geschmack ist.

Zutaten:

Jerky-Marinade

½	Tasse	Worcester-Sauce
½	Tasse	Soja-Sauce
¼	Tasse	brauner Zucker
4		Knoblauchzehen, fein gehackt
2	TL	schwarzer Pfeffer, frisch gemahlen
2	TL	Chiliflocken
1	TL	Zwiebelpulver

Fleisch

1	Kilo	dünn geschnittene Hüftsteaks

Zubereitung:

1. Die Steaks mit einem sehr scharfen Messer in dünne Streifen schneiden und alles Fett entfernen. Leichter geht das, wenn man sie circa 30 Minuten lang anfriert.
2. Die Zutaten für die Marinade vermischen, die Fleischstreifen gründlich damit vermengen und dann eine Stunde stehen lassen.
3. Inzwischen den Smoker auf circa 110 °C heizen.
4. Die Fleischstreifen abtropfen lassen, nebeneinander auf einem Stück Alufolie verteilen und 45 Minuten smoken.
5. Jetzt die Folie locker über dem Fleisch schließen und noch eine Stunde weitersmoken, bis das Fleisch schön trocken ist.
6. Abkühlen lassen und servieren.

Drunk and Dirty Sirloin

Auch beim Filet darf das obligatorische Bourbon-Rezept natürlich nicht fehlen. Das Rezept kommt aus Kentucky, der Hauptstadt des Bourbon.

Zutaten:

Drunk and Dirty-Marinade

1	Tasse	Soja-Sauce
½	Tasse	Wasser
½	Tasse	Bourbon
¼	Tasse	Worcester-Sauce
2	EL	brauner Zucker
½	TL	Ingwerpulver
4		Knoblauchzehen

Fleisch

1–1½	Kilo	Rinderfilet

zusätzlich

2	EL	schwarzer Pfeffer, grob gemahlen
1	TL	weißer Pfeffer, grob gemahlen
¼	Tasse	Olivenöl

Zubereitung:

1. Am Vortag des BBQs die Zutaten für die Marinade vermischen und das Fleisch über Nacht darin im Kühlschrank einlegen.
2. Das Fleisch vier Stunden vor dem BBQ aus dem Kühlschrank holen, aus der Marinade nehmen, abtropfen lassen und die Marinade aufbewahren. Die restliche Marinade mit einem Küchenkrepp abtupfen und das Fleisch mit dem Öl einreiben. Den weißen Pfeffer mit dem schwarzen mischen und auf dem Filet verteilen. Bei Raumtemperatur zwei Stunden stehen lassen.
3. Den Smoker auf circa 110 °C heizen und das Filet 1½ Stunden smoken.
4. In der Zwischenzeit die Marinade aufkochen und auf ein Viertel zu einer Sauce reduzieren.
5. Mit der warmen Marinade servieren.

Schnell-und-einfach Filet

Schnell und einfach vorzubereiten, rasch gesmoked und richtig gut. Die einfachen Dinge sind oft die besten.

Zutaten:

Knoblauch-Paste

8		Knoblauchzehen, ungeschält
1	EL	grobes Salz
1	TL	Olivenöl

Fleisch

1–1½	Kilo	Rinderfilet

zusätzlich

1–2	EL	schwarzer Pfeffer, frisch gemahlen
½	TL	weißer Pfeffer
1½	Tassen	Rinderfond
3	EL	Olivenöl

Zubereitung:

1. Die Knoblauchzehen ungeschält und ohne Öl in einer Pfanne 6–8 Minuten rösten, dabei immer gut durchrühren.
2. Die Zehen schälen und mit dem Öl und dem Salz zu einer groben Paste verkneten.
3. Das Filet gründlich mit der Paste einreiben und einen Teelöffel aufbewahren. Den weißen Pfeffer mit dem schwarzen mischen und auf dem Filet verteilen.
4. Den Smoker auf 110 °C heizen.
5. Für den Mopp den Fond mit der restlichen Paste und zwei Esslöffeln Olivenöl mischen und erwärmen.
6. Das Fleisch von allen Seiten gut anbraten, für circa 1½ Stunden in den Smoker legen und alle 20 Minuten moppen.
7. Bei einer Kerntemperatur von 57 °C ist das Filet fertig und in der Mitte schön rosa.

Mommy's Meat Loaf

Es gibt tausend Rezepte für Mamas Hackbraten und jedes ist natürlich „das Beste". Und deshalb darf ein Rezept für einen zünftigen Meat Loaf hier nicht fehlen.

Zutaten:

Meat Loaf

1	EL	Olivenöl
½	Tasse	Zwiebeln, fein gehackt
½	rote	Paprika, fein gehackt
3		Knoblauchzehen, fein gehackt
1	TL	schwarzer Pfeffer, frisch gemahlen
1	TL	grobes Salz
½	TL	Cumin
1½	Tassen	Semmelbrösel
3	EL	Sour Cream
2	EL	Worcester-Sauce
1		Ei
¼	Tasse	Rinderbrühe
1	TL	Tabasco

Fleisch

1½	Kilo	gemischtes Hackfleisch

Basic Beer-Mopp

1 ½		Tassen Bier
½	Tasse	Apfelessig
½	Tasse	Wasser
¼	Tasse	Olivenöl
½		Zwiebel, fein gehackt
2		Knoblauchzehen, fein gehackt
1	EL	Worcester-Sauce
1	EL	Rub nach Geschmack
		BBQ-Sauce nach Geschmack

Zubereitung:

1. Den Smoker auf 110 °C heizen.
2. Das Öl in einer Pfanne erhitzen und Zwiebel, Paprika, Knoblauch, Salz, Pfeffer und Cumin zusammen solange dünsten, bis das Gemüse weich ist. Etwas abkühlen lassen und in eine Schüssel geben.
3. Zusammen mit den anderen Meat Loaf-Zutaten und dem Fleisch gut durchkneten und die Masse in eine geeignete Auflaufform geben. Die Masse soll dabei die Form ausfüllen und oben die Form eines Hügels haben.
4. Die Mopp-Zutaten vermischen und erwärmen.
5. Den Meat Loaf in den Smoker stellen und 45 Minuten smoken, bis sich die Ränder lösen. Dann vorsichtig aus der Form heben und direkt auf dem Rost weitere 1½ Stunden weitersmoken. Dabei alle 20 Minuten moppen.
6. 20 Minuten vor Ende der Garzeit mit einer BBQ-Sauce nach Geschmack einstreichen.
7. Vom Smoker nehmen und zehn Minuten ruhen lassen. In Scheiben schneiden und nach Geschmack warm oder kalt servieren.

Smoked Sirloin

Sirloin ist der amerikanische Begriff für Roastbeef. Am Stück rosa gesmoked und dann dünn aufgeschnitten, schmeckt es warm oder kalt als Aufschnitt. Der Chipotle-Rub sorgt für ein leckeres Äußeres. Die Fettschicht macht eine zusätzliche Mopp-Sauce überflüssig, denn sie hält das Fleisch saftig.

Zutaten:

Chipotle-Rub

2–3		getrocknete Chipotle-Peppers, gemahlen
3	EL	schwarzer Pfeffer, gemahlen
2	EL	Oregano, getrocknet
1	EL	Koriander, getrocknet, keine Samen
1		Lorbeerblatt, gemahlen
1	TL	Cumin, gemahlen
1	TL	Zwiebelpulver
1	TL	Orangenschalen, getrocknet und gemahlen

Fleisch

2	Kilo	Roastbeef am Stück

Zubereitung:

1. Die Zutaten für den Rub am Vortag des BBQs vermischen und das Fleisch rundherum damit einreiben. In Folie wickeln und über Nacht im Kühlschrank durchziehen lassen.
2. Den Smoker auf 110 °C heizen und in der Zwischenzeit das Fleisch aus dem Kühlschrank nehmen und auspacken.
3. Das Roastbeef mit der Fettseite nach oben in den Smoker legen und 4–5 Stunden smoken, bis es die Kerntemperatur von 60 °C erreicht hat. Das Fleisch hat dann die Garstufe medium.
4. Aus dem Smoker nehmen und in dünne Scheiben schneiden.

Soy-glaced Flank Steak

Da die amerikanischen Fleischschnitte auch bei uns immer populärer werden, darf natürlich auch ein Rezept für ein sogenanntes Flank Steak nicht fehlen. Dabei handelt es sich um ein dünnes Teilstück aus der unteren Flanke, direkt vor den Hinterbeinen.

Zutaten:

Soy-Marinade und Glace

½	Tasse	Soja-Sauce
¼	Tasse	Pickapeppa-Sauce, im Fachhandel erhältlich
¼	Tasse	Worcester-Sauce
¼	Tasse	Rotwein
¼	Tasse	Rotweinessig
3	EL	brauner Zucker
1½	EL	Sesamöl
2		Knoblauchzehen

Fleisch

1–2	Kilo	Flanksteaks

Zubereitung:

1. Am Vortag des BBQs die Zutaten für die Marinade vermischen und das Fleisch über Nacht darin im Kühlschrank einlegen.
2. Das Fleisch vier Stunden vor dem BBQ aus dem Kühlschrank nehmen, die Marinade mit einem Küchenkrepp abtupfen und die restliche Marinade aufbewahren. Die Steaks zwei Stunden bei Raumtemperatur stehen lassen.
3. In der Zwischenzeit die Marinade aufkochen und auf die Hälfte reduzieren. Warm halten, damit wird das Fleisch glaciert.
4. Die Steaks glacen, in den Smoker legen und nach 25 Minuten noch einmal glacen.
5. 45–55 Minuten smoken, bis das Fleisch die Garstufe medium erreicht hat.
6. Gegen die Faser aufschneiden und mit der restlichen Glace als Sauce servieren.

Standing Tall Prime Rib

Eine tolle Optik und ein wunderbarer Geschmack – ein Standing Rib Roast vereint beide Elemente miteinander. Es handelt sich dabei um ein Ribeye oder Entrecôte am Knochen, das im Ganzen zubereitet wird. Teilt man die Knochen durch zwei, erhält man die Anzahl der Portionen.

Zutaten:

Standing Tall-Marinade

1½	Tassen	Rotwein
1½	Tassen	Rotweinessig
½	Tasse	Olivenöl
4	TL	Rosmarin, getrocknet
4		Knoblauchzehen, fein gehackt
2	TL	Thymian, getrocknet

Fleisch

2	Kilo	Ribeye am Knochen

Basic Black-Rub

1½	EL	schwarzer Pfeffer, frisch gemahlen
1½	TL	grobes Salz

Zubereitung:

1. Am Vortag des BBQs die Zutaten für die Marinade vermischen und das Fleisch über Nacht darin im Kühlschrank einlegen.
2. Das Fleisch vier Stunden vor dem BBQ aus dem Kühlschrank nehmen, die Marinade mit einem Küchenkrepp abtupfen und die restliche Marinade aufbewahren. Das Salz mit dem schwarzen Pfeffer mischen und auf dem Fleisch verteilen. Bei Raumtemperatur zwei Stunden stehen lassen.
3. Den Smoker auf circa 110 °C heizen und das Ribeye auf die Knochen, also mit der Fettseite nach oben, in den Smoker stellen und 2½ Stunden smoken. Die Kerntemperatur sollte 60 °C betragen.
4. In der Zwischenzeit die Marinade aufkochen und das Fleisch damit alle 30 Minuten moppen.
5. Nach Ende der Garzeit noch zehn Minuten ruhen lassen, vom Knochen lösen und in Scheiben aufschneiden.

Es müssen nicht immer große Mengen an fetterem oder durchwachsenem Fleisch sein – für die Zubereitung im Smoker eignet sich auch zartes Lamm, feines Kalb und knuspriges Spanferkel ganz hervorragend.

LAMM, KALB & CO.

Spanferkelrücken
mit Malzbiersauce

Erhöht man die Temperatur, kann man mit einem Smoker durchaus auch einen Braten mit einer knackigen Kruste zubereiten. Eine besonders edle und zarte Variante ist der Spanferkelrücken. Und dabei so einfach.

Zutaten:

Paste

½	Bund	Majoran, die Blätter abgezupft und fein gehackt
½	Tasse	Olivenöl
1	EL	schwarzer Pfeffer, frisch gemahlen

Fleisch

1		Spanferkelrücken (mit Schwarte, circa 1,8 Kilo)

zusätzlich

1		Gemüsezwiebel, gewürfelt

Malzbier-Sauce

1½	Tassen	Malzbier
1		Lorbeerblatt
1	EL	Cumin
1½	Tassen	Rinderfond
1	EL	Speisestärke
1	EL	grobes Salz

Zubereitung:

1. Am Vortag des BBQs die Schwarte des Spanferkelrückens mit einem scharfen Messer über Kreuz einritzen. Majoran mit Öl und Pfeffer verrühren. Den Braten von allen Seiten damit einreiben, in Folie wickeln und über Nacht im Kühlschrank marinieren.

2. Das Fleisch aus dem Kühlschrank nehmen und den Smoker auf 180–200 °C heizen.
3. Eine Tropfschale in der Größe des Bratens in den Smoker unter den Rost stellen, die Zwiebelwürfel hineingeben und verteilen. Den Spanferkelrücken mit der Schwartenseite nach oben darüber auf dem Rost platzieren, salzen und circa 1½ Stunden smoken. Dabei alle 15 Minuten mit etwas Malzbier bepinseln. Wenn die Zwiebelwürfel zu dunkel werden, eventuell mit etwas Wasser ablöschen.
4. Für die Sauce den Bratensud und die Zwiebeln in einen Topf umfüllen. Mit dem übrigen Bier, den Lorbeerblättern und dem Cumin vermischen und auf die Hälfte einkochen. Den Fond angießen und nochmals auf die Hälfte einkochen. Mit der Stärke binden und abschmecken.

Peters Piglet

Fenchelsaat und schwarzer Pfeffer geben dieser Spanferkelkeule einen ganz besonderen Geschmack. Die Mopp-Sauce sorgt für den nötigen Glanz.

Zutaten:

Peters Piglet-Rub

2	EL	Fenchelsaat
2	EL	schwarze Pfefferkörner
2	TL	Chiliflocken
1	TL	Knoblauchpulver
1½	TL	Zwiebelpulver
1½	TL	Majoran, getrocknet

Fleisch

1		Spanferkelkeule

zusätzlich

3	EL	grobes Salz

Peters Piglet-Mopp

1	Tasse	Bier
½	Tasse	Honig
½	Tasse	Rinderbrühe
3	EL	Weißweinessig

Zubereitung:

1. Am Vortag des BBQs die Schwarte der Keule rautenförmig einschneiden. Fenchelsaat und Pfefferkörner ohne Fett in einer Pfanne solange rösten, bis sie duften. Dann zusammen grob mörsern und mit den übrigen Rub-Zutaten vermischen. Die Keule rundherum, auch in den Einschnitten der Schwarte, gründlich rubben. Eng in Folie wickeln und über Nacht im Kühlschrank durchziehen lassen.
2. Die Keule aus dem Kühlschrank nehmen und mit dem groben Salz einreiben.
3. Den Smoker auf 180°C heizen und in der Zwischenzeit die Mopp-Zutaten verrühren und erwärmen.
4. Die Keule 4–5 Stunden smoken, dabei alle 45 Minuten moppen.

Lammracks

Lammracks oder -karrees entsprechen dem Roastbeef am Knochen. Sie lassen sich perfekt am Stück garen und dann in Stielkoteletts aufschneiden. In diesem Rezept werden sie ganz klassisch zubereitet.

Zutaten:

Rack-Paste

5		Knoblauchzehen, fein gehackt
2	EL	frischer Rosmarin, fein gehackt
2	Stiele	frische Minze, fein gehackt
5	EL	Olivenöl
1	EL	schwarzer Pfeffer, frisch gemahlen
1	EL	grobes Salz

Fleisch

2		Lammracks, geputzt, à circa 400 g

Zubereitung:

1. Am Vortag des BBQs die Zutaten für die Paste gut vermischen und die Lammracks gründlich damit einreiben. Abgedeckt über Nacht im Kühlschrank marinieren.
2. Den Smoker auf 120°C heizen und in der Zwischenzeit die Marinadenreste von den Lammracks abtupfen und das Fleisch in einer Pfanne rundherum anbraten.
3. Die Racks mit den Knochen nach oben gegeneinander gelehnt in den Smoker stellen und circa 30–40 Minuten garen. Eine Kerntemperatur von 57°C sollte nicht überschritten werden.
4. Das Fleisch aus dem Smoker nehmen und in Alufolie fünf Minuten ruhen lassen. Dann in Scheiben mit je einem Knochen aufschneiden.

Martini Leg of Lamb

Martini, weder gerührt noch geschüttelt, macht aus dieser Lammkeule etwas ganz Außergewöhnliches.

Zutaten:

Martini-Paste

½		Zwiebel, gehackt
10		Knoblauchzehen
		Saft und Abrieb einer Limette
3	EL	Gin
2	EL	Salz
¼	Tasse	Olivenöl

Fleisch

1		Lammkeule

Martini-Mopp

1	Tasse	Gin
1	Tasse	Rinderbrühe
½	Tasse	Wasser
3	EL	Limettensaft
2	EL	Olivenöl

Zubereitung:

1. Am Vortag des BBQs die Zutaten für die Paste vermischen und das Lamm gründlich damit bestreichen. In Folie wickeln und über Nacht im Kühlschrank marinieren.

2. Die Keule aus dem Kühlschrank nehmen und
30 Minuten stehen lassen.

3. Den Smoker auf 180 °C heizen und in der Zwischenzeit die Mopp-Zutaten verrühren und erwärmen.

4. Die Lammkeule 2–3 Stunden smoken, bis eine
Kerntemperatur von 60 °C erreicht ist. Dabei alle
30 Minuten moppen.

5. Vom Smoker nehmen und zehn Minuten ruhen
lassen.

Salbei-Madeira-Kalbshaxe

Wenige Stücke verändern ihr Aussehen im Smoker so sehr wie eine Kalbshaxe. Der vorher kaum sichtbare Knochen schaut nach der Garzeit bis zu zehn Zentimeter aus dem Fleisch heraus. Wunderbar.

Zutaten:

Salbei-Paste

1	Tasse	frische Salbeiblätter
4		Knoblauchzehen
¼	TL	Salz
2	EL	Madeira
2	EL	Limettensaft
5	EL	Olivenöl

Fleisch

1		Kalbshaxe

zusätzlich

5	Scheiben	Bacon

Madeira-Mopp

¾	Tasse	Madeira
2	EL	Limettensaft
½	Tasse	Wasser
1½	EL	Olivenöl

Zubereitung:

1. Am Vortag des BBQs die Pasten-Zutaten mit einem Stabmixer zerkleinern und das Öl dabei in feinem Strahl dazugeben. Die Haxe gründlich damit bestreichen, in Folie wickeln und über Nacht im Kühlschrank marinieren.
2. Den Smoker auf 160 °C heizen und in der Zwischenzeit die Mopp-Zutaten verrühren und erwärmen.
3. Die Kalbshaxe in den Smoker legen und mit den Baconscheiben bedecken.
4. 3–4 Stunden bis auf eine Kerntemperatur von 60 °C smoken und dabei alle 30 Minuten moppen.
5. Vom Smoker nehmen und zehn Minuten ruhen lassen.

Kalbshaxe mit Frühlingsgemüse

Bei dieser Kalbshaxe, die in einer Auflaufform gegart wird, ist die Beilage direkt mit dabei. Der Smoker wird auf 160 °C geheizt, er hat also eine wesentlich höhere Temperatur als bei den meisten anderen Rezepten.

Zutaten:

Rub

1	EL	Rosmarin, getrocknet
1	EL	Thymian, getrocknet
½	EL	Chiliflocken
½	EL	brauner Zucker

Fleisch

1–2		Kalbshaxen, pariert

Bier-Mopp

2	Tassen	Schwarzbier
1	EL	Thymian, getrocknet
2–3	Zweige	Rosmarin
2	EL	Worcester-Sauce
1	EL	schwarzer Pfeffer, frisch gemahlen
1	EL	grobes Salz

Gemüse

4–6		Kartoffeln, ungeschält, halbiert
6		gelbe Kirschtomaten, ganz
6		rote Kirschtomaten, ganz
6		Frühlingszwiebeln, ganz, geputzt
6		kleine Karotten, geschält
2	EL	Knollensellerie, fein gehackt

Zubereitung:

1. Die Zutaten für den Rub am Vortag des BBQs vermischen und die Haxen gründlich damit einreiben. In Folie wickeln und über Nacht im Kühlschrank durchziehen lassen.

2. Aus dem Kühlschrank nehmen, auspacken und den Smoker auf 160 °C heizen.

3. Inzwischen die Zutaten für die Mopp-Sauce vermischen und in eine Auflaufform geben.

4. Das Fleisch in die Sauce legen und das Gemüse außen herum verteilen.

5. Mit Alufolie locker abdecken und eine Stunde Smoken. Dann die Alufolie entfernen und eine weitere Stunde im Smoker lassen.

6. Jetzt alle 15 Minuten gründlich mit der Mopp-Sauce bepinseln. Dabei die Sauce auch über das Gemüse geben.

7. Nach der Garzeit noch zehn Minuten abgedeckt ruhen lassen und mit dem Gemüse als Beilage servieren.

Gefüllter Kalbsrücken

Der zarte Rücken ist neben dem Filet das Beste vom Kalb. Und mit dieser Füllung wird er noch einmal aufgewertet.

Zutaten:

Cheryls Cider-Soak

1½	Tassen	Apfelsaft oder Cidre
½	Tasse	Apfelessig
½		Zwiebel, gehackt
1½	EL	Worcester-Sauce
1	EL	Olivenöl
1	TL	Zimt
1	TL	Thymian, getrocknet

Fleisch

2	Kilo	Kalbsrücken am Stück, ausgelöst und mit einer eingeschnittenen Tasche für die Füllung

Füllung

2	Scheiben	Bacon, klein geschnitten
½		Apfel, z. B. Granny Smith
2	EL	Zwiebeln, fein gehackt
1		Knoblauchzehe, fein gehackt
200	g	Kalbshack
¼	Tasse	Semmelbrösel
3		Datteln, entkernt
3		Frühlingszwiebeln, in feine Ringe geschnitten
2	EL	frische Petersilie, gehackt
½	TL	Rosmarin, getrocknet
1	Messerspitze	Zimt

Zubereitung:

1. Am Vortag des BBQs die Zutaten für den Soak vermischen und das Fleisch darin einlegen, dabei auch etwas in die Tasche einarbeiten. Über Nacht im Kühlschrank marinieren.
2. Das Fleisch aus der Marinade nehmen und abtupfen. Die Marinadenreste aufkochen und warm halten.
3. Den Smoker auf 120 °C heizen und das Fleisch in der Zeit ruhen lassen.
4. Für die Füllung den Bacon auslassen und im Fett Apfel, Zwiebel und Knoblauch weich dünsten.
5. Mit den restlichen Zutaten vermengen und den Kalbsrücken damit füllen.
6. In einer Pfanne das Fleisch von allen Seiten kräftig anbraten und anschließend zwei Stunden smoken, dabei alle 20–30 Minuten mit den Marinadenresten moppen.
7. Zehn Minuten ruhen lassen und in Scheiben geschnitten servieren.

Kalbskarree, pur und am Stück

Hier ist weniger mehr. Das zarte Kalbfleisch bekommt durch den Knochen und den dezenten Rauch schon genügend Aromen. Zu viele Gewürze würden den feinen Geschmack schnell überlagern.

Zutaten:

2	EL	frischer Thymian, Salbei oder Rosmarin
1	EL	schwarzer Pfeffer, grob gemörsert
1	EL	grobes Salz
4	EL	Olivenöl

Fleisch

1		Kalbskarree am Stück, 7 Rippenknochen, circa 2½ Kilo

Zubereitung:

1. Am Vortag des BBQs die Zutaten für die Paste gut vermischen und das ganze Kalbskarree gründlich damit einreiben. Abgedeckt über Nacht im Kühlschrank marinieren.
2. Den Smoker auf 110 °C heizen und die Knochen mit Alufolie einpacken, damit sie durch den Rauch nicht schwarz werden
3. Circa 2½ Stunden garen. Dabei darf eine Kerntemperatur von 57 °C nicht überschritten werden.
4. Vom Smoker nehmen und in Alufolie fünf Minuten ruhen lassen. Dann das Karree in einzelne Koteletts aufschneiden.

GEFLÜGEL

Geflügel wird auf dem Grill leicht zu trocken. Es ist zwar wegen seines geringen Fettanteils gerade bei gesundheitsbewussten Menschen sehr beliebt, aber bei der Zubereitung muss man auf der Hut sein ... oder einen Smoker benutzen.

Denn der langsame Garprozess im Smoker eignet sich ideal für Huhn und andere Geflügelarten und mit dem richtigen Rub und einer guten BBQ-Sauce verfeinert, hat sich diese Variante des BBQs längst etabliert.

Wer sich allerdings auf die knusprige Haut eines Brathähnchens freut, der wird enttäuscht, denn bei Niedrigtemperatur im Smoker zubereitet, wird die Haut nicht kross.

BBC – Beer Butt Chicken

Beer Butt Chicken ist ein absoluter Klassiker, bei dessen Zubereitung ein ganzes Huhn ohne Rostkontakt gegart wird.

Zutaten:

Wild Willy's Number 1-derful Rub

½	Tasse	Paprikapulver, edelsüß
¼	Tasse	Pfeffer, frisch gemahlen
¼	Tasse	grobes Salz
¼	Tasse	Zucker
2	EL	Chilipulver
2	EL	Knoblauchpulver
2	EL	Zwiebelpulver
2	EL	Cayennepfeffer

Inject

1½	Tassen	Bier
¼	Tasse	Olivenöl
¼	Tasse	Apfelessig
2	TL	Wild Willy´s Number 1-derful Rub

Fleisch

2		Hähnchen à circa 1200 g

Mopp

1½	Tassen	Bier
1	Tasse	Hühnerbrühe
¼	Tasse	Olivenöl
½	Tasse	Wasser
1	TL	Wild Willy´s Number 1-derful Rub
½		Zwiebel, gehackt
¼	Tasse	Apfelessig
4		Knoblauchzehen, fein gehackt
2	0,3 l	Dosen Bier oder entsprechende Hähnchenhalter

Zubereitung:

1. Am Vortag des BBQs die Zutaten für Rub und Inject vermischen und die Hähnchen säubern.
2. Mit einer Marinadenspritze eine halbe Tasse des Injects tief an mehreren Stellen in Brust und Beine spritzen und die Hähnchen dann gründlich mit dem Rest der Flüssigkeit einreiben.
3. Anschließend gut mit dem Rub massieren, dabei einen Esslöffel des Rubs aufbewahren. Die Hühner in Plastikbeuteln verpackt im Kühlschrank über Nacht marinieren.
4. Die Hähnchen aus dem Kühlschrank nehmen und den Smoker auf 110 °C heizen. Inzwischen die Bierdosen halb leeren und den Deckel mit einem Dosenöffner entfernen. Die Hälfte der Zwiebel, des Essigs und des Knoblauchs sowie den restlichen Rub auf die Dosen verteilen und die Hähnchen auf die Dosen setzen
5. Am besten auf einer Platte in den Smoker stellen und circa vier Stunden smoken.
6. Die Zutaten für den Mopp vermischen, erhitzen und die Hähnchen alle 30 Minuten damit moppen.
7. Nach Ende der Garzeit die Hähnchen aus dem Smoker nehmen, die Haut entfernen, zerlegen und mit einer guten BBQ-Sauce nach Geschmack servieren.

Senf-Limetten-Hähnchen

Neben der klassischen Variante, dem Beer Butt Chicken, gibt es natürlich noch viele Möglichkeiten, ganze Hähnchen im Smoker zuzubereiten, wie beispielsweise dieses Rezept mit Limetten und Senf. Der Rub sorgt für die nötige Würze.

Zutaten:

Poultry Perfect-Rub

6	EL	Paprikapulver, edelsüß
2	EL	schwarzer Pfeffer, frisch gemahlen
2	EL	Selleriesalz
2	EL	Zucker
1	EL	Knoblauchpulver
1	EL	Senfpulver
1	TL	Cayennepfeffer
		Abrieb von zwei Limetten

Fleisch

2		Hähnchen à circa 1200 g

Für die Füllung

2	EL	Butter
1	EL	Worcester-Sauce
1		Zwiebel, in dünne Ringe geschnitten
1		Limette, geachtelt

Lemon-Splash

1½	Tassen	Hühnerbrühe
½	Tasse	Limettensaft
½	Tasse	Wasser
½		Zwiebel, gehackt
½	Tasse	Butter
1	EL	Worcester-Sauce
1	EL	Senf
2	TL	Poultry Perfect-Rub

Zubereitung:

1. Am Vortag des BBQs die Zutaten für den Rub vermischen und die Hähnchen säubern.
2. Die Butter schmelzen und die Worcester-Sauce einrühren. Mit dieser Mischung die Hähnchen innen und außen gut einreiben. Anschließend mit dem Rub massieren, dabei ein Drittel aufbewahren.
3. Die Hähnchen in Plastikbeuteln verpackt im Kühlschrank über Nacht marinieren.
4. Am Folgetag die Hühner aus dem Kühlschrank nehmen und den Smoker auf 110 °C heizen. Inzwischen die Hühner nochmals rubben und wieder zwei Esslöffel des Rubs zurückbehalten. Dann die Zwiebelringe und die Limettenspalten in die Hähnchen stecken.
5. Die Zutaten für den Mopp (Lemon-Splash) vermischen und erhitzen.
6. Die Hähnchen mit der Brust nach unten in den Smoker legen und vier Stunden smoken. Alle 30 Minuten moppen und nach der Hälfte der Garzeit auf den Rücken drehen.
7. Nach Ende der Garzeit die Hähnchen vom Smoker nehmen, die Haut entfernen, zerlegen und mit einer BBQ- oder Senfsauce nach Geschmack servieren.

Cheese Chicken

Cremiger Schafskäse unter der Hühnerhaut gibt Geschmack und hält das Fleisch zusätzlich saftig.

Zutaten:

Paste

100	g	Frischkäse aus Schafs- oder Ziegenmilch
1	EL	Pesto
8–10	Blätter	Basilikum

Fleisch

1		Hähnchen circa 1200 g

Fancy-Mopp

1	Tasse	Hühnerbrühe
½	Tasse	Weißwein
½	Tasse	Wasser
2	EL	Olivenöl
1	EL	Pesto

Zubereitung:

1. Am Vortag des BBQs den Schafskäse mit dem Pesto vermischen und die Hähnchen säubern.
2. Die Käsemischung innen, außen und vor allem unter der Haut verteilen, ohne diese dabei zu verletzen. Die Basilikumblätter unter der Haut auf dem Hähnchen verteilen.
3. Die Hähnchen in Plastikbeuteln verpackt im Kühlschrank über Nacht marinieren.
4. Am Folgetag die Hähnchen aus dem Kühlschrank nehmen und den Smoker auf 110 °C heizen.
5. Die Zutaten für den Mopp vermischen und erhitzen.
6. Die Hähnchen mit der Brust nach unten in den Smoker legen und vier Stunden smoken. Alle 30 Minuten moppen und nach der Hälfte der Garzeit auf den Rücken drehen.
7. Nach Ende der Garzeit die Hähnchen vom Smoker nehmen, die Haut entfernen, zerlegen und mit einer BBQ-Sauce nach Geschmack servieren.

Quick Chick

Keine Zeit für die Zubereitung eines ganzen Hähnchens? Kein Problem. Auch mit einer Hähnchenbrust erreichen Sie im Smoker tolle Resultate. Gegen das Austrocknen hilft auch hier der Mobb, und alles was übrig bleibt, kommt am nächsten Tag aufs Sandwich.

Zutaten:

Split Second Dry-Rub

1	EL	Paprikapulver, edelsüß
1	TL	grobes Salz
1	TL	Zucker
½	TL	schwarzer Pfeffer, frisch gemahlen
½	TL	Zwiebelpulver
1	Prise	Cayennepfeffer

Fleisch

6		einzelne Hähnchenbrustfilets, ohne Haut

Split Second-Mopp

1	Tasse	Orangensaft
3	EL	Butter
1	EL	Worcester-Sauce

Zubereitung:

1. Den Smoker auf 110 °C heizen. Inzwischen die Zutaten für den Rub vermischen und das Fleisch damit massieren.
2. Die Mopp-Zutaten in einem Topf erhitzen, bis die Butter geschmolzen ist und warmhalten.
3. Die Hähnchenbrüste mit einem Drittel der Mopp-Sauce beträufeln und in den Smoker legen.
4. 30 Minuten smoken, dabei einmal wenden und zweimal moppen.

Knoblauch-Oregano-Hühnchen

Knoblauch und Hühnchen harmonieren sehr gut miteinander. Wenn Sie noch etwas Oregano dazugeben, ist das italienische Trio komplett.

Zutaten:

Oregano-Marinade

2	Tassen	Olivenöl
1	Tasse	Limettensaft
6–8		Knoblauchzehen
2	TL	Salz
¼	Tasse	frischer Oregano, gehackt

Fleisch

4	ganze	Hähnchenbrüste, mit Haut und Knochen

Zubereitung:

1. Am Vortag des BBQs die Zutaten für die Marinade vermischen und pürieren. Die Hähnchenteile in die Marinade legen und über Nacht kaltstellen.
2. Am Folgetag das Fleisch aus dem Kühlschrank nehmen und den Smoker auf 110 °C heizen.
3. Die Hähnchenteile mit der Hautseite nach oben in den Smoker legen und circa eine Stunde smoken. Das Fleisch ist gar, wenn man einen Zahnstocher hineinsticht und der herausfließende Saft klar ist.

Thunder Thighs

So wie viele Pitmaster des Südens haben auch Paste und Mopp dieses Rezeptes afrikanische Wurzeln.

Zutaten:

Thunder-Paste

1		Zwiebel, grob gewürfelt
½	Tasse	Orangensaft
2	EL	Erdnussbutter
1	EL	Erdnussöl
2	TL	Anis, gemahlen
1	TL	Curry
1	TL	Salz
1	TL	brauner Zucker
½	TL	Zimt

Fleisch

6		Hähnchenkeulen mit Rückenstück

Thunder-Mopp

1	Tasse	Hühnerbrühe
½	Tasse	Orangensaft
¼	Tasse	Wasser
1	EL	Erdnussöl
½	TL	Curry

Zubereitung:

1. Am Vortag des BBQs alle Zutaten für die Paste mit einem Stabmixer gut vermischen und die Hähnchenkeulen dick mit der Paste einreiben. In einen Beutel packen und über Nacht im Kühlschrank durchziehen lassen.
2. Am Folgetag das Fleisch aus dem Kühlschrank nehmen und den Smoker auf 110 °C heizen.
3. Die Mopp-Zutaten in einem Topf erhitzen und warmhalten.
4. Das Fleisch in den Smoker legen und circa 1½ Stunden garen. Die Keulen sind gar, wenn man einen Zahnstocher hineinsticht und der herausfließende Saft klar ist.

Delicious Drumsticks

Drumsticks sind Hähnchenunterkeulen, also ohne Rückenstück. Und „delicious" ist einfach lecker … Die Milchsäuren in der Buttermilch helfen dabei, das Fleisch zart zu machen.

Zutaten:

Delicious-Marinade
1	Tasse	Buttermilch
1	Tasse	frische Minze, fein gehackt
¼	Tasse	Bourbon

Fleisch
8		Hähnchenkeulen ohne Rückenstück

Delicious-Mopp
übrige Marinade		
¼	Tasse	Bourbon
¼	Tasse	Wasser
2	EL	Olivenöl

Zubereitung:

1. Am Vortag des BBQs alle Zutaten für die Marinade gut vermischen und das Fleisch darin einlegen. Über Nacht im Kühlschrank durchziehen lassen.
2. Am Folgetag das Fleisch aus der Marinade nehmen, die Marinade aufbewahren und den Smoker auf 110 °C heizen.
3. Die Mopp-Zutaten und die Marinadenreste vermischen, aufkochen und warmhalten.
4. Das Fleisch in den Smoker legen und circa 1½ Stunden garen. Das Keulen sind gar, wenn man einen Zahnstocher hineinsticht und der herausfließende Saft klar ist.

Worth-the-Wait Turkey

Dieses Rezept macht zwar etwas mehr Arbeit, aber es lohnt sich. Und wenn Sie Ihre Gäste so richtig verwöhnen möchten, dann ist es genau das Richtige.

Zutaten:

Inject
½	Tasse	Knoblauchöl
½	Tasse	Bier
½	TL	Cayennepfeffer

Fleisch
1		Truthahn oder Puter, 5–6 Kilo

Turkey-Paste
4		Knoblauchzehen
1	EL	schwarzer Pfeffer, frisch gemahlen
1	EL	grobes Salz
½	TL	Cayennepfeffer
1	EL	Knoblauchöl

Turkey-Mopp
2	Tasse	Hühnerbrühe
1	Tasse	Bier
1	Tasse	Wasser
¼	Tasse	Olivenöl

Zubereitung:

1. Am Vortag des BBQs die Zutaten für den Inject vermischen und an verschiedenen Stellen tief ins Fleisch spritzen, dabei sollte die meiste Flüssigkeit in die Brust kommen.
2. In einem Mörser zuerst die festen Zutaten der Paste zerdrücken und dann mit dem Öl zu einer streichfähigen Masse verrühren.
3. Den Truthahn mit der Masse einreiben und in einem großen Plastikbeutel über Nacht im Kühlschrank durchziehen lassen.
4. Am Folgetag das Fleisch aus dem Kühlschrank nehmen und den Smoker auf 110 °C heizen.
5. Den Truthahn in ein entsprechend großes, angefeuchtetes Leinentuch wickeln und die Enden zubinden. Dann mit der Brustseite nach unten in den Smoker legen und etwa drei Stunden pro Kilo smoken. Dabei das Tuch alle 30 Minuten mit etwas Wasser bestäuben.
6. Nach sechs Stunden vorsichtig das Leinentuch entfernen, notfalls zerschneiden, und den Truthahn auf den Rücken legen.
7. Die Zutaten für den Mopp erwärmen und den Truthahn alle 30 Minuten moppen.
8. Wenn das Fleisch 80 °C Kerntemperatur erreicht hat, ist es gar und kann vom Smoker genommen werden.

Pekingente, gesmoked

Enten haben so viel Fett unter der Haut, dass Sie es vor dem Smoken lösen und entfernen müssen. Dieses Procedere geschieht hier mit kochendem Wasser, das über die Entenbrust gegossen wird.

Zutaten:

Peking-Glace

½	Tasse	Orangensaft
5	EL	Honig
3	EL	Rotweinessig
3	EL	Sherry
2	EL	Soja-Sauce
½	EL	schwarzer Pfeffer, frisch gemahlen

Fleisch

1		Ente, 2–3 Kilo

Füllung

1	Zwiebel, geachtelt
1	Orange, geachtelt

Zubereitung:

1. Die Zutaten für die Glace gut vermischen, aufkochen und abkühlen lassen.
2. Inzwischen die Ente mehrfach in der Brust einstechen und langsam mit 3–4 Litern kochendem Wasser übergießen. Das Fett kann so schmelzen und durch die Löcher abfließen.
3. Die Ente abtupfen, mit der Glace innen und außen einreiben und trocknen lassen.
4. Inzwischen den Smoker auf 110 °C heizen.
5. Die Orangen- und Zwiebelspalten in die Ente geben und dann mit der Brust nach oben in den Smoker legen.
6. Etwa drei Stunden smoken, solange, bis die Kerntemperatur 60 °C beträgt. Dabei alle 30 Minuten glacen.
7. Mit dem Rest der Sauce servieren.

FISCH

Fisch ist gesund, lecker und bietet deshalb eine willkommene und leichte Abwechslung zu den üblichen Gerichten aus dem Smoker, die oft sehr fett- und fleischlastig sind. Durch die im Vergleich zu Pulled Pork oder Brisket erheblich kürzeren Garzeiten lässt sich mit Fisch auch mal unter der Woche nach Feierabend ein Abendessen smoken. Es ist übrigens kein Problem, Fisch und Fleisch gleichzeitig in einem Smoker zu garen. Durch den Rauch findet keine Geruchsübertragung statt.

Double Rub Salmon

Für dieses Lachsrezept benötigen Sie zwei verschiedene Rubs. Der erste hat die Wirkung einer Beize und zieht Eiweißmoleküle an die Oberfläche, die dort wie eine Schutzschicht wirken und die Säfte einschließen. Beim zweiten Rubben wird mit etwas veränderter Rezeptur nochmal aufgefrischt.

Zutaten:

Rub Nummer 1

1	Tasse	brauner Zucker
1	Tasse	Meersalz
3	EL	Knoblauchpulver
3	EL	Zwiebelpulver
3	EL	frischer Dill, gehackt
1	EL	Bohnenkraut, getrocknet
2	TL	Estragon, getrocknet

Rub Nummer 2

¼	Tasse	brauner Zucker
1	EL	Knoblauchpulver
1	EL	Zwiebelpulver
1	TL	Bohnenkraut, getrocknet
1	TL	Estragon, getrocknet

Fisch

1		Lachsseite auf der Haut, circa 2 Kilo, pariert

Zubereitung:

1. Die Zutaten für beide Rubs getrennt voneinander gut vermischen und Rub Nummer 2 beiseite stellen.
2. Rub Nummer 1 vollständig auf der Fleischseite verteilen, danach den Fisch in Klarsichtfolie dicht einwickeln und für 3–4 Stunden in den Kühlschrank stellen.
3. Anschließend Rub Nummer 1 vorsichtig unter fließendem Wasser abwaschen und den Fisch mit Küchenkrepp abtupfen. 30 Minuten trocknen lassen, solange bis die Oberfläche leicht klebrig ist.
4. Den Smoker auf 110 °C heizen und nun Rub Nummer 2 auf der Fleischseite verteilen.
5. Den Fisch auf einem entsprechend großen Stück Alufolie in den Smoker legen und circa eine Stunde smoken. Der Fisch sollte in der Mitte noch ganz leicht glasig sein.
6. Mit etwas Alufolie locker abdecken und fünf Minuten ruhen lassen.

Jamaican Jerk Salmon

Jerk ist eine Mischung aus exotischen Gewürzen und gehört zu den Klassikern. Der prickelnde Geschmack ist speziell auf dieses Rezept abgestimmt, um den feinen Fischgeschmack nicht zu überlagern.

Zutaten:

Jerk-Rub

1	EL	Zwiebelpulver
1	EL	Röstzwiebeln
1	TL	Piment, gemahlen
1	TL	schwarzer Pfeffer, frisch gemahlen
1	TL	Cayennepfeffer
1	TL	Zucker
1	TL	Thymian, getrocknet
1	TL	Zimt
1	TL	Muskat
1	Prise	Chilipulver

Fisch

1		Lachsseite auf der Haut, circa 2 Kilo, pariert

Jamaican BBQ-Sauce

1	Tasse	Fischfond
2	EL	Honig
1	EL	Tamarindenpaste
1	EL	Ingwer, gerieben
1	EL	Jerk-Rub

Zubereitung:

1. Die Zutaten für den Jerk-Rub gut vermischen und das Lachsfilet auf der Fleischseite satt rubben. Einen Esslöffel Rub zurückbehalten.
2. Den Fisch in Folie packen und 1–2 Stunden kaltstellen. Inzwischen den Smoker auf 110 °C heizen.
3. Die Saucenzutaten mischen, aufkochen und auf ein Drittel reduzieren.
4. Den Lachs auspacken, auf einem entsprechend großen Stück Alufolie in den Smoker legen und circa eine Stunde smoken.
5. Nach 30 Minuten mit der Sauce glacen und nach Ende der Garzeit mit der restlichen Sauce servieren.

Vodka-Brined Salmon

Dieser Lachs wird in eine Brine eingelegt. Diese dringt tief in das Fleisch ein und macht es weich und zart. Vodka sorgt hier für den besonderen Geschmack.

Zutaten:

Brine

¼	Tasse	Vodka
½	Tasse	brauner Zucker
3	EL	grobes Salz
2	EL	Pickling Spice oder Beizgewürz
1	TL	Dillsaat

Fisch

1	Lachsseite auf der Haut, circa 2 Kilo, pariert

Zubereitung:

1. Alle Zutaten für die Brine gut vermischen und in einen Plastikbeutel geben. Die Lachsseite hinzufügen und überall mit der Brine bedecken. 3–6 Stunden in den Kühlschrank legen, je nach gewünschter Intensität.
2. Den Smoker auf 110 °C heizen, den Fisch aus dem Beutel nehmen und mit Küchenkrepp etwas abtupfen. Die Gewürz- und Kräuterreste müssen nicht entfernt werden.
3. Den Fisch auf einem entsprechend großen Stück Alufolie in den Smoker legen und circa eine Stunde smoken. Der Fisch sollte in der Mitte noch ganz leicht glasig sein.
4. Mit etwas Alufolie locker abdecken und fünf Minuten ruhen lassen.

Minted Salmon Trout

Minze lässt sich vielfach kombinieren und sie harmoniert auch sehr gut mit Lachsforelle. Gemoppt wird hier nur mit Pfefferminztee.

Zutaten:

Minz-Paste

½	Tasse	frische Minze
¼	Tasse	grobes Salz
¼	Tasse	Zucker
2	EL	schwarzer Pfeffer, grob gemahlen
2	EL	Limettensaft
1	EL	Olivenöl

Fisch

circa 1 Kilo	Lachsforellenfilets auf der Haut, pariert

Minz-Mopp

1	Tasse	Pfefferminztee

Zubereitung:

1. Am Vortag des BBQs die Zutaten für die Paste vermischen, mit dem Stabmixer pürieren und die Filets auf der Hautseite damit einstreichen. In Klarsichtfolie packen und über Nacht im Kühlschrank marinieren.
2. Den Smoker auf 110 °C heizen, die Filets auspacken und 20 Minuten stehen lassen.
3. Auf ein entsprechend großes Stück Alufolie in den Smoker legen und gründlich mit Tee beträufeln.
4. Je nach Dicke der Filets 30–45 Minuten smoken, kurz vor dem Servieren noch einmal mit Tee beträufeln.

Lachsfilet
von der Zedernplanke

Dieser Lachs wird auf einer Holzplanke zubereitet. Bevor man den Fisch auf die Planke legt, wird diese zum Qualmen gebracht. Dadurch entsteht auch in Bullet-Smokern ohne Chips oder Chunks ein feiner Rauchgeschmack. Und beim Servieren ist das Ganze natürlich ein toller Eyecatcher.

Zutaten:

Vinaigrette

2	EL	Limettensaft
2	EL	weißer Balsamico
2	EL	Dijonsenf
2	EL	Honig
2	EL	Schnittlauch, gehackt
1	TL	Salz
½	TL	granulierter Knoblauch
½	TL	schwarzer Pfeffer, gemahlen
¼	TL	Cayennepfeffer
60	ml	Olivenöl

Fisch

1	Lachsseite auf der Haut, circa 1,5 Kilo
2	Limetten, in halbe Scheiben geschnitten
1	Zedernplanke, mindestens 2 Stunden gewässert
	Pfeffer
	Salz

Zubereitung:

1. Alle Zutaten für die Vinaigrette mit Ausnahme des Öls gut vermischen und das Öl dann in feinem Strahl langsam dazugießen. Dabei mit einem Schneebesen das Öl und die anderen Zutaten zu einer Emulsion aufschlagen.

2. Das Lachsfilet parieren und portionsweise bis auf die Haut einschneiden. Pfeffern, salzen und die Vinaigrette auf der Fleischseite verteilen. Dabei auch in die Einschnitte bringen.

3. In jeden Schnitt eine halbierte Limettenscheibe stecken.

4. Die Planke circa fünf Minuten über direkter, hoher Hitze zum Qualmen bringen. Das kann auf der Sidefirebox erfolgen oder auch mit einer Lötlampe o. Ä.

5. Dann die Planke in den Smoker legen, die ganze Lachsseite auf die Planke geben und circa eine Stunde smoken. Der Fisch sollte noch ganz leicht glasig in der Mitte sein.

6. Weil der Fisch bereits vorportioniert ist, lassen sich die einzelnen Stücke leicht von der Haut heben und servieren.

Forelle im Baconmantel

Der Baconmantel sorgt zwar auch für Geschmack, in erster Linie soll er den Fisch aber vor dem Austrocknen schützen.

Zutaten:	Paste	
4		Knoblauchzehen
2	EL	Limettensaft
1	TL	Worcester-Sauce
1	TL	schwarzer Pfeffer, frisch gemahlen
½	TL	grobes Salz
1	EL	Pflanzenöl

	Fisch & Fleisch	
4	ganze	Forellen à circa 300 g
8	Scheiben	Bacon

	Füllung	
1		Zwiebel, fein gewürfelt
½		rote Paprika, fein gewürfelt
½		grüne Paprika, fein gewürfelt
1	Stange	Staudensellerie, fein gewürfelt
16		Salzcracker, zerstoßen
6	EL	Pekannüsse, fein gehackt

Zubereitung:
1. Die Zutaten für die Paste in einem Mörser zerkleinern und solange vermischen, bis eine Paste entsteht. Die Fische innen und außen damit einreiben.
2. Den Smoker auf 110 °C heizen.
3. Inzwischen den Bacon in einer Pfanne auslassen, dabei aber nicht kross braten.
4. Im ausgelassenen Fett die Paprika-, Sellerie- und Zwiebelwürfel solange braten, bis sie weich sind. Danach vom Herd nehmen und abkühlen lassen.
5. Anschließend die Pekannüsse und die zerstoßenen Cracker dazugeben und vermischen.
6. Die Fische mit der Masse füllen und anschließend mit je zwei Scheiben Bacon umwickeln. Eventuell mit einem Zahnstocher fixieren.
7. Auf den Bauch in den Smoker stellen und 40–50 Minuten smoken und danach sofort servieren. Wenn die Fische nicht von alleine stehen bleiben, kann man aus Alufolie eine entsprechende Halterung formen.

Aotearoa Tuna Steak

Aotearoa ist in der Sprache der Maori die Bezeichnung für Neuseeland. Auf verschiedenen Pfaden ist dieses Rezept über die pazifischen Inseln gewandert und hier und da verändert worden. Die Zutaten können variieren, aber eines ist überall gleich: Der Thunfisch muss von erstklassiger Qualität sein.

Zutaten:	Marinade	
5	EL	Butter
5	EL	Sesamöl
5	EL	weißer Balsamico
2	EL	Limettensaft
1	TL	Ingwer, gerieben
½	TL	Thymian, getrocknet
1		Knoblauchzehe, fein gehackt
½	TL	Chiliflocken

	Fisch	
4		Thunfischsteaks, 3 cm dick

	zusätzlich	
½	TL	grobes Salz
		Soja-Sauce

Zubereitung:
1. Die Zutaten für die Marinade vermischen, die Steaks rundherum damit einreiben und eine Stunde stehen lassen.
2. Den Smoker auf 110 °C heizen.
3. Das Salz in eine heiße Pfanne geben und den abgetropften Thunfisch kurz von beiden Seiten scharf anbraten.
4. In den Smoker legen und 20–25 Minuten smoken, die Steaks sollen innen noch fast roh sein.
5. Mit Soja-Sauce servieren.

Smoked Oysters

Entweder man liebt sie, oder man hasst sie ... Es gibt nur einen Weg, die persönliche Einstellung zu Austern herauszufinden ... man muss sie probieren.

Zutaten:

Marinade & Mopp

½	Tasse	Muschelsud
2	EL	Limettensaft
2	EL	Olivenöl
1	TL	schwarzer Pfeffer, grob gemahlen
3		Knoblauchzehen, gehackt

Muscheln

1	Dutzend	Austern

zusätzlich

20		Eiswürfel

Zubereitung:

1. Die Austern öffnen und auslösen, dabei den Muschelboden und die Flüssigkeit aufbewahren.
2. Alle Zutaten für die Marinade mit der Flüssigkeit aus den Austern mischen, die Muscheln hineingeben und eine Stunde kaltstellen.
3. Den Smoker auf 110 °C heizen. Das Muschelfleisch abtropfen lassen, dabei die Marinade auffangen, aufkochen und warm halten. Die ausgelösten Muscheln wieder lose in die Unterschalen legen.
4. Die Eiswürfel in eine Auflaufform geben und die Muscheln hineinlegen.
5. 40 Minuten smoken und dabei ein- bis zweimal mit der Marinade beträufeln.

Jakobsmuscheln, gesmoked

Diese edle Muschel braucht nicht viel. Aber durch den nicht minder edlen Parmaschinken kommt noch eine tolle Geschmacksnuance hinzu.

Zutaten:

Brine

5	Tassen	Wasser
¼	Tasse	Salz
¼	Tasse	Zucker

Muscheln & Fleisch

16		Jacobsmuscheln, ausgelöst, ohne Corail
8	Scheiben	Parmaschinken

zusätzlich

4		Frühlingszwiebeln, fein gehackt

Zubereitung:

1. Die Zutaten für die Brine mischen und darauf achten, dass das Salz und der Zucker vollständig aufgelöst sind. Die Muscheln für eine Stunde hineingeben.
2. Den Smoker auf 110 °C heizen. In der Zwischenzeit die Muscheln aus der Brine nehmen und auf einem Gitter abtropfen lassen.
3. Den Parmaschinken der Länge nach halbieren, um die Muscheln wickeln und mit einem Zahnstocher fixieren.
4. Auf dem Abtropfgitter in den Smoker legen, mit den Frühlingszwiebeln bestreuen und 20 Minuten smoken.

BEILAGEN

Fleisch, Fisch und Geflügel sind natürlich die Protagonisten beim BBQ, aber ohne ein paar leckere Beilagen wird es natürlich auch ganz schnell langweilig. Und wenn der Smoker schon mal heiß ist, bietet es sich natürlich an, die Beilagen so auszuwählen, dass man sie einfach mitsmoken kann. Denn im Smoker ist ja meist noch etwas Platz und die Gartemperatur des Fleisches eignet sich für die Zubereitung vieler unterschiedlicher Beilagen.

Sweet Baked Beans

Baked Beans sind günstig, lecker und sehr sättigend. Kein Wunder also, dass sie eine Menge Anhänger haben. Dieses Rezept hat eine süßliche Note und passt daher besonders gut zu pikanten Hauptgerichten.

Zutaten:	2	Kilo	Baked Beans aus der Dose
	1½	Tassen	BBQ-Sauce nach Geschmack
	½		Zwiebel, gewürfelt
	½		grüne Paprika, gewürfelt
	2	Stangen	Sellerie, gewürfelt
	8	EL	Senf
	500	g	brauner Zucker
	2	EL	Rauchsalz
	2	EL	Selleriesaat

Fleisch

500	g	Räucherspeck, gewürfelt
		Man kann den Speck natürlich auch durch Pulled Pork oder Brisket ersetzen, das beim letzten BBQ übrig geblieben ist.

Zubereitung:
1. Alle Zutaten in eine Auflaufform (circa 20 x 30 cm) geben und gut vermengen.
2. Mit dem braunen Zucker bedecken. Diese Schicht kann ruhig 1 cm und dicker sein. Nicht umrühren.
3. Bei 110 °C drei Stunden smoken, bis der Zucker sich gelöst hat und nicht mehr sichtbar ist. Während des Smokens nicht umrühren.

Cornedbeef-Stew

Ob man ihn nun direkt im Smoker oder ganz klassisch auf der Sidefirebox im schweren Topf schmort – dieser Eintopf macht nicht nur satt, sondern auch glücklich. Das Fleisch wird sehr weich gegart und deshalb ist dieses Stew eine tolle Beilage zum Fleisch.

Zutaten:	1	Tasse	BBQ-Sauce nach Geschmack
	3	Tassen	Wasser
	6		Kartoffeln, gewürfelt
	6		Möhren, gewürfelt
	¼		Knolle Sellerie, gewürfelt
	1		Zwiebel, geachtelt
	3	EL	Mehl, in ¼ Tasse Wasser gelöst
	1	TL	Chilipulver
			Salz und Pfeffer zum Abschmecken

Fleisch

2 Dosen Corned Beef à 340 g

Zubereitung:
1. Das Corned Beef zerkleinern und mit der BBQ-Sauce verrühren.
2. Wasser und Chilipulver zugeben und in einem Topf auf der Sidefirebox oder im Smoker bei 110 °C eine Stunde abgedeckt köcheln lassen.
3. Das Gemüse untermischen und eine weitere Stunde garen, bis es weich ist. Am Ende der Garzeit das Mehl im Wasser lösen und das Stew damit binden.
4. Mit Salz und Pfeffer abschmecken und servieren.

Cowboy Beans

Nach einem harten Tag in der Prärie sind diese Beans genau das Richtige. Auch wenn der Arbeitsplatz vieler Stadtcowboys heute meist anders aussieht, am Geschmack der Cowboy Beans hat sich nichts geändert.

Zutaten:	500	g	Kidney-Bohnen aus der Dose
	200	g	Räucherspeck, gewürfelt
	2		Zwiebeln, gehackt
	1	Dose	geschälte Tomaten, grob zerkleinert
	1	EL	Chilipulver
	1	Tasse	Wasser
	2	EL	Worcester-Sauce
	2	EL	brauner Zucker
	1	EL	Senf
	1	TL	Salz

Zubereitung:

1. Den Speck auslassen und alle anderen Zutaten, bis auf das Salz, mit dem Speck und dem ausgelassenen Fett in einem Topf auf der Sidefirebox oder im Smoker bei 110 °C abgedeckt zwei Stunden köcheln lassen. Ab und zu umrühren.
2. Wenn die Bohnen weich sind und dann noch zuviel Flüssigkeit im Topf sein sollte, gart man alles ohne Deckel noch für weitere 20 Minuten.
3. Falls die Beans trotz des Specks noch nicht würzig genug sind, noch mit etwas Salz abschmecken.

Gefüllte Zwiebeln

Ob es eine Beilage oder ein Hauptgericht wird, entscheidet die Größe der Zwiebeln. Gemüsezwiebeln eignen sich als Hauptgericht, kleine rote Zwiebeln nimmt man für die Zubereitung einer Beilage. Und dieses Rezept beschreibt den Mittelweg.

Zutaten:			
4			mittelgroße Zwiebeln
1	EL		Butter
2			Knoblauchzehen, fein gehackt
250	g		Blattspinat
1½	Tassen		gekochter Reis
100	g		gekochter Schinken, fein gewürfelt
1	Tasse		Semmelbrösel
6	EL		geriebener Parmesan
½	TL		Thymian, getrocknet
½	Tasse		Hühnerbrühe
1			Ei, aufgeschlagen
			Salz und Pfeffer zum Abschmecken
			Öl

Zubereitung:

1. Die ungeschälten Zwiebeln horizontal halbieren, aushöhlen und dabei einen Rand von etwa 1 cm stehen lassen.
2. In den Smoker stellen (ohne Alufolie oder Form) und 30–35 Minuten bei 110 °C solange smoken, bis sie weich sind.
3. Währenddessen die Butter erhitzen und die Hälfte des ausgehöhlten Inneren der Zwiebeln fein hacken und mit dem Knoblauch in einer Pfanne 1–2 Minuten andünsten.
4. Den Spinat hinzufügen, zusammenfallen lassen und eventuell etwas Wasser zugeben, falls der Spinat zu zäh wird.
5. Die restlichen Zutaten bis auf das Ei einrühren. Ganz zum Schluss auch das aufgeschlagene Ei dazugeben und ebenfalls unterrühren.
6. Die Zwiebeln aus dem Smoker nehmen, schälen und mit der Masse füllen. Mit etwas Parmesan bestreuen und noch einmal 20–25 Minuten smoken.

Riesenchampignon-Burger

Pilze dürfen beim BBQ natürlich nicht fehlen. Außerdem ist dieses Gericht auch für Vegetarier bestens geeignet.

Zutaten:			
4			sehr große Riesenchampignons, entstielt
4	Scheiben		Manchego, Bergkäse oder Gruyère
½	Tasse		Mayonnaise
3	EL		grünes Pesto
4			Mini-Pitabrote, aufgeschnitten und getoastet
1			große Tomate, in Scheiben geschnitten
			Olivenöl
½	TL		Salz
½	TL		schwarzer Pfeffer, frisch gemahlen

Zubereitung:

1. Die Pilze mit Öl bestreichen, etwas salzen und etwa 20 Minuten bei 110 °C smoken, bis sie weich sind. Den Käse auf die Pilze legen und fünf Minuten weitersmoken.
2. Mayonnaise, Pfeffer und Pesto mischen, auf den unteren Brothälften verteilen und mit je einer Tomatenscheibe belegen.
3. Die Pilze auf die Tomaten geben, mit der zweiten Brothälfte belegen und sofort servieren.

Tequila Sweet Potatoe Mash

Die Süßkartoffeln aus dem Süden und der Tequila aus dem Westen der USA ergänzen sich wunderbar und ergeben einen perfekten Brückenschlag.

Zutaten:	50	g	Butter
	500	g	Süßkartoffeln, gerieben
	2½	EL	brauner Zucker
	½	TL	Salz
	¼	Tasse	Tequila
	6	EL	Limettensaft

Zubereitung:
1. Die Butter in einer feuerfesten Form schmelzen. Dann die Süßkartoffeln einrühren und gleichmäßig am Boden festdrücken.
2. Den braunen Zucker und das Salz darüberstreuen.
3. Die Form in den Smoker stellen und eine Stunde bei 110 °C smoken. Dann drei Esslöffel Tequila und drei Esslöffel Limettensaft einrühren. Erneut flach drücken und eine weitere Stunde smoken.
4. Aus dem Smoker nehmen, den Rest Tequila und Limettensaft einrühren und warm servieren.

Verhüllter Mais

Corn-on-the-cob, also Maiskolben inklusive der Außenblätter, sehen nicht nur gut aus, sie schmecken auch toll. Und bei einem richtigen Südstaaten-BBQ sind sie eine unverzichtbare Beilage.

Zutaten:	6		Maiskolben mit Außenblättern
	6	Scheiben	Bacon
	6	EL	Butter
			Salz und Pfeffer zum Abschmecken

Zubereitung:
1. Die Außenblätter über den Stielansatz zurückklappen und die seidigen Griffel entfernen. Die Maiskolben dann 2–3 Stunden in Wasser einlegen.
2. Die Maiskolben abtropfen lassen, salzen und pfeffern, mit je einer Baconscheibe umwickeln und dann die Außenblätter wieder zurück um den Kolben legen. Damit sie besser zusammenhalten, oben mit einem Stück Küchengarn zubinden.
3. Bei 110 °C 1½ Stunden smoken, danach die Außenblätter erneut zurückklappen, den Maiskolben mit Butter bestreichen und heiß servieren.

Zimtkürbis

Dieses Rezept eignet sich ideal, um den Übergang vom Herbst zum Winter einzuläuten. Am besten lässt es sich mit einem Butternusskürbis zubereiten. Alternativ können Sie auch einen kleinen Hokkaido verwenden.

Zutaten:	1		mittelgroßer Butternusskürbis
	1	TL	Olivenöl
	6	EL	Butter
	2	TL	brauner Zucker
	1	TL	Zimt
	½	TL	Chiliflocken

Zubereitung:
1. Den Kürbis halbieren und rundherum mit dem Öl einreiben. Dabei die Kerne noch nicht entfernen.
2. Mit der Schnittseite nach unten in den Smoker legen und zwei Stunden bei 110 °C smoken.
3. In der Zwischenzeit die Butter schmelzen, die restlichen Zutaten einrühren und alles warmhalten.
4. Nach Ende der Garzeit die Kürbishälften vom Smoker nehmen, entkernen und in Viertel schneiden. Mit der Zimtbutter bestreichen und heiß servieren.

BBQed Rice

Reis vom Smoker? Klar, warum nicht. Ob mit Gemüse, Gewürzen oder pur ist er immer eine willkommene und einfach zuzubereitende Beilage.

Zutaten:	1	Tasse	Reis, ungekocht
	1		Möhre, in feine Stifte geschnitten
	1	Stange	Sellerie, in feine Streifen geschnitten
	1		rote Paprika, fein gewürfelt
	1		Zwiebel, gewürfelt
	4	EL	Butter
	2	Tassen	Hühner- oder Gemüsebrühe

Zubereitung:
1. In einer Auflaufform den Reis mit dem Gemüse vermengen und die Brühe dazugießen.
2. Die Butter in Flocken darauf verteilen und die Form mit Alufolie abdecken.
3. In den Smoker stellen und 1½ Stunden bei 110 °C garen, bis fast die gesamte Flüssigkeit vom Reis aufgenommen worden ist.
4. Die Alufolie entfernen und den Reis noch einmal für 20 Minuten smoken.
5. Entweder sofort servieren oder mit Alufolie abdecken und warmhalten.

BROT

Brot ist und bleibt der optimale Begleiter zum Essen. Ob traditionelles Maisbrot aus den Südstaaten oder französisches Baguette, im Smoker ist vieles möglich. Wichtigste Voraussetzung ist die beim Backen erforderliche hohe Hitze von 180–200 °C.

Viele Smokertypen, wie beispielsweise Bullet- oder Offset-Smoker, lassen sich durch Nachfeuern sehr gut hochheizen, und damit ist im Pit auch das Brotbacken möglich. Die Sidefirebox beim Offset-Smoker ist dabei sehr nützlich, denn man kann die hier ohnehin höhere Temperatur gut zum Backen nutzen und muss nicht den ganzen Smoker hochheizen. Die Kohlen in der Sidefirebox werden dann an einer Seite zusammengeschoben und das Backwerk wird auf der gegenüberliegenden Seite platziert.

Apfel-Kürbisbrot

Dick mit Butter oder Marmelade bestrichen und dazu eine Tasse Tee oder Kaffee – dieses Brot ist ein schmackhafter Begleiter in den Herbst.

Zutaten:	½		Butternuss- oder Hokkaidokürbis, püriert
	1		Apfel, püriert
	2	Tassen	Mehl
	1	Tasse	Apfelsaft
	2		Eier
	¾	Tasse	brauner Zucker
	¼	Tasse	Olivenöl
	1	Päckchen	Backpulver
	½	TL	Salz
	½	TL	Muskat
	1	TL	Zimt

Zubereitung:
1. In einem Topf den Apfelsaft erhitzen, auf die Hälfte reduzieren und abkühlen lassen.
2. Kürbis- und Apfelpüree, Eier, Zucker und Öl zum Apfelsaft geben und gründlich vermischen.
3. In einer Rührschüssel die trockenen Zutaten vermengen und dann mit der Püreemasse zu einem glatten Teig verrühren.
4. Danach die Glut in der Sidefirebox an eine Seite schieben, damit Platz ist, um darin backen zu können, oder den Smoker auf 180 °C heizen.
5. Den Teig in eine Kastenform füllen und etwa eine Stunde backen, bis ein hineingestochenes Holzstäbchen trocken herausgezogen werden kann.

Maisbrot

Aus der amerikanischen Küche ist dieses Traditionsrezept nicht wegzudenken – und wenn man es erst einmal probiert hat, dann gehört es sicherlich auch bald auf den heimischen Speiseplan.

Zutaten:	1	Tasse	Mehl
	1	Tasse	Maismehl
	1	Tasse	Buttermilch
	2		Eier
	½	Tasse	Zucker
	½	TL	Natron
	½	TL	Salz
	100	g	Butter, geschmolzen

Zubereitung:
1. Die Butter in einem Topf schmelzen, vom Feuer nehmen und den Zucker einrühren. Die Eier dazugeben und mit dem Schneebesen gut vermischen.
2. Buttermilch und Natron dazugeben und dann nacheinander die trockenen Zutaten einrühren und gut vermengen.
3. Danach die Glut in der Sidefirebox an eine Seite schieben, damit Platz ist, um darin backen zu können, oder den Smoker auf 180 °C heizen.
4. Den Teig in eine entsprechend große, hitzebeständige gefettete Auflaufform füllen und 30–40 Minuten backen, bis ein hineingestochenes Holzstäbchen trocken herausgezogen werden kann.

Cheesy Cornbread

Zwei Sorten Käse und grüne Peperoni machen dieses Brot besonders würzig. Man kann getrost auf Butter oder einen anderen Belag verzichten, denn eigentlich ist ja schon alles drin. Zusätzlich kommt Creamed Corn in den Teig, eine Zutat, die man bei uns zwar nicht kaufen, aber sehr schnell selbst zubereiten kann.

Zutaten:

Teig

1	Tasse	Mehl
1	Tasse	Maismehl
½	Tasse	Cheddar, gerieben
½	Tasse	Fontina oder Gruyère, gerieben
100	g	Peperoni aus dem Glas, abgetropft und klein gehackt
250	g	Butter, geschmolzen
4		Eier
1	Tasse	Zucker
4	TL	Backpulver
½	TL	Salz

Creamed Corn

2	EL	Butter, geschmolzen
1	Tasse	Milch
1	EL	Mehl
½	TL	Salz
400	g	Dosenmais

Zubereitung:

1. Für das Creamed Corn Mehl und Salz in die geschmolzene Butter einrühren. Die Milch dazugeben und unter ständigem Rühren solange kochen, bis eine dickliche Konsistenz entsteht. Dann den Mais einrühren, noch circa fünf Minuten weiterkochen und dann abkühlen lassen.
2. Butter und Zucker schaumig schlagen und die Eier nacheinander einrühren. Dann Peperoni, Käse und Creamed Corn unterheben.
3. In einer Rührschüssel die trockenen Zutaten miteinander vermengen und anschließend mit der Maismischung verrühren, bis keine Klümpchen mehr vorhanden sind.
4. Danach die Glut in der Sidefirebox an eine Seite schieben, damit Platz ist, um darin backen zu können, oder den Smoker auf 150 °C heizen.
5. Den Teig in eine entsprechend große, hitzebeständige gefettete Auflaufform füllen und circa eine Stunde backen, bis ein hineingestochenes Holzstäbchen trocken herausgezogen werden kann.

Mediterrane Brötchen

Schon mit ein paar Extrazutaten wird dieser einfache Hefeteig zu etwas Besonderem. Auf die gleiche Weise lassen sich natürlich auch Nuss-, Gemüse- oder Kräuterbrötchen herstellen. Für eine scharfe Variante eignen sich als Einlage z. B. Chorizo und Chilis.

Zutaten:

500	g	Mehl
1	Tasse	Wasser, lauwarm
1	Würfel	Hefe
2	EL	Olivenöl
1	TL	Zucker
1	TL	grobes Salz
¼	Tasse	getrocknete Tomaten, gehackt
¼	Tasse	Rucola, gehackt
¼	Tasse	schwarze Oliven, gehackt
1		Chilischote

Zubereitung:

1. Getrocknete Tomaten, Rucola, Oliven und die Chilischote (je nach Geschmack mit oder ohne Samenkörner) vermischen.
2. Die Hefe im Wasser unter Zugabe von Öl, Zucker und Salz auflösen.
3. Danach das Mehl hineinsieben und langsam zu einem elastischen Teig verarbeiten, dabei die Tomatenmischung einkneten.
4. Den Teig in acht gleich große Portionen teilen und 15 Minuten abgedeckt gehen lassen.
5. Inzwischen die Glut in der Sidefirebox an eine Seite schieben, damit Platz ist, um darin backen zu können, oder den Smoker auf 200 °C heizen.
6. Auf einem Brotbackstein oder einem bemehlten Blech 15–20 Minuten backen.

Pekannuss-Bananenbrot

Dieses besondere Brot überzeugt durch seine Süße, zudem ist es sehr gehaltvoll. Für die Saftigkeit sorgen die Bananen, die Nüsse machen das Brot „crunchig". Alternativ können hier auch Walnüsse verwendet werden.

Zutaten:	2	Tassen	Mehl
	1½	TL	Backpulver
	½	TL	Natron
	80	g	Butter, weich
	1	TL	Salz
	2		Eier
	½	Tasse	Zucker
	3	EL	Milch
	1		Banane, zerdrückt
	½	Tasse	Pekannüsse, gehackt

Zubereitung:

1. Die trockenen Zutaten bis auf den Zucker und die Nüsse gründlich vermischen und beiseite stellen.
2. In einer Rührschüssel Zucker und Butter aufschlagen und nacheinander die Eier und die Milch dazugeben. Dabei immer weiter schlagen.
3. Die Mehlmischung und die Banane zugeben und zu einem glatten Teig verrühren. Dann die Nüsse unterheben.
4. Die Glut in der Sidefirebox an eine Seite schieben, damit Platz ist, um darin backen zu können, oder den Smoker auf 180 °C heizen.
5. Den Teig in eine entsprechend große, hitzebeständige gefettete Auflaufform füllen und circa eine Stunde backen, bis ein hineingeschobenes Holzstäbchen trocken herausgezogen werden kann.
6. Zehn Minuten in der Form stehen lassen, dann vorsichtig stürzen und abkühlen lassen.

Zucchinibrot

Auf den ersten Blick sind die Zutaten für den Teig etwas ungewöhnlich. Aber gerade die Zucchini macht dieses Brot saftig, der außergewöhnliche Geschmack kommt durch Vanille und Zimt.

Zutaten:	3	Tassen	Mehl
	3		Eier
	2	Tassen	Zucker
	1		mittelgroße Zucchini, gerieben
	1	Tasse	Pflanzenöl
	1	TL	Salz
	1	TL	Natron
	1	TL	Backpulver
	3	TL	Zimt
	1	Röhrchen	Vanillearoma
	1	Tasse	Walnüsse, gehackt

Zubereitung:

1. In einer Rührschüssel Mehl, Salz, Backpulver, Natron und Zimt vermischen und beiseite stellen.
2. In einer zweiten Schüssel die Eier mit dem Zucker schaumig schlagen und das Öl und die Vanille dazugeben. Die Mehlmischung zugeben und einen glatten Teig rühren.
3. Inzwischen die Glut in der Sidefirebox an eine Seite schieben, damit Platz ist, um darin backen zu können, oder den Smoker auf 200 °C heizen.
4. Zucchini und Nüsse unterheben und alles in eine entsprechend große, hitzebeständige gefettete Kastenform füllen und circa 40–50 Minuten backen, bis ein hineingeschobenes Holzstäbchen trocken herausgezogen werden kann.
5. Zehn Minuten in der Form stehen lassen, dann vorsichtig stürzen und abkühlen lassen.

Baguette

Voilá! Das typisch französische Stangenbrot eignet sich perfekt, um den Saft eines schönen Steaks aufzunehmen. Das Geheimnis sind die Gehzeiten, der besondere Mehltyp und die Form.

Zutaten:	2½	Tassen	Mehl, Typ 550
	1	TL	Zucker
	½	Würfel	Hefe
	1	TL	Salz
	1½	Tassen	Wasser, lauwarm

Zubereitung:
1. Salz und Mehl in einer Rührschüssel vermischen und in die Mitte eine Mulde hineindrücken.
2. Die Hälfte des Wassers in die Mulde gießen, die Hefe hineinbröseln und den Zucker zugeben. Die Hefe im Wasser auflösen und 30 Minuten abgedeckt stehen lassen.
3. Danach das restliche Wasser hinzugeben und eine Teigkugel formen, dabei mindestens zehn Minuten gut durchkneten.
4. Zwei Stunden abgedeckt gehen lassen, erneut durchkneten und nochmal für zwei Stunden gehen lassen.
5. Den Teig dritteln und jedes Stück zu einem dünnen Rechteck ausrollen. Dann von der breiten Seite her aufrollen und die Oberseite 3–4 Mal diagonal einschneiden und 30 Minuten lang auf einem bemehlten Blech ruhen lassen.
6. Inzwischen die Glut in der Sidefirebox an eine Seite schieben, damit Platz ist, um darin backen zu können, oder den Smoker auf 200 °C heizen.
7. Die Baguettes mit etwas Salzwasser bestreichen und auf einem Brotbackstein oder dem bemehlten Blech 20–25 Minuten backen. Die Baguettes sollen goldbraun sein.

SNACKS

Die meisten auf dem Smoker zubereiteten Gerichte sind zwar schnell und einfach vorzubereiten, der Garprozess ist allerdings sehr zeitintensiv. Damit Sie diese Zeit ohne Hungerattacken überstehen, sollten Sie die Hitze des Smokers für kleine Snacks und Vorspeisen nutzen.

Moinkballs

Moo (Muh) + Oink (Grunz) = Moink. Rind und Schwein vereint, in Form von Hackfleisch und Bacon.

Traditionell werden Moinkballs aus fertigen, vorgegarten Hackbällchen hergestellt, hier wird allerdings frisches Rinderhack verwendet.

Zutaten:

Rub

2	EL	Paprikapulver
1	EL	schwarzer Pfeffer, frisch gemahlen
½	TL	Chilipulver
½	TL	Zwiebelpulver
½	TL	Knoblauchpulver
2	TL	Selleriesalz
1	Prise	Cayennepfeffer

Fleisch

1	Kilo	Rinderhack
12	Scheiben	Bacon

Glace

1	Tasse	Ketchup oder BBQ-Sauce nach Geschmack
3	EL	Honig
1	TL	Tabasco

zusätzlich

24		kleine Holzspieße oder Zahnstocher

Zubereitung:

1. Die Zutaten für den Rub miteinander vermischen und dann zum Rinderhack geben, gründlich vermengen und solange durchkneten, bis es anfängt, an den Händen zu kleben.
2. Aus dem Hackfleisch 24 gleich große Kugeln à circa 40 g formen.
3. Die Baconscheiben quer halbieren, die Kugeln in je einer halben Scheibe einwickeln und mit einem kleinen Holzspieß fixieren.
4. Für 45 Minuten in den Smoker stellen. Inzwischen die Glace anrühren.
5. Die Moinkballs mit der Glace bestreichen und weitere zehn Minuten smoken.
6. Zum Servieren den Holzspieß im Fleisch belassen, so können Sie die Moinkballs bequem als Snack genießen.

Armadillo Eggs

Übersetzt nennen sich diese Snacks „Gürteltiereier". Bei diesem BBQ-Klassiker werden Habaneros oder Jalapeños im Hackfleisch versteckt, was zwar höllisch scharf, aber genauso lecker ist.

Zutaten:

½	TL	Cumin
1	TL	Salz
1	TL	schwarzer Pfeffer, frisch gemahlen
1	EL	Paprikapulver
1	EL	Worcester-Sauce
1		Zwiebel, fein gewürfelt
2		Knoblauchzehen, fein gehackt
1		Ei

Fleisch

1	Kilo	Rinderhack

Füllung

6		Habaneros oder Jalapeños, Schärfe nach Geschmack
200	g	Cheddar, fein gewürfelt

Glace

BBQ-Sauce nach Geschmack

Zubereitung:

1. Die Habaneros mit Cheddar füllen. Falls etwas übrig bleibt, zu den übrigen Zutaten geben.
2. Alle restlichen Zutaten mit dem Hackfleisch vermengen und solange kneten, bis es an den Händen hängen bleibt.
3. Die Hackfleischmasse in sechs gleich große Teile aufteilen, die Habaneros darin gut einpacken und zu Eiern formen.
4. Fünf Minuten smoken, mit BBQ-Sauce einstreichen und in weiteren 20 Minuten zu Ende garen.
5. Heiß servieren und ausreichend Milch zum „Löschen" bereithalten.

A.B.T's

Ausgeschrieben nennen sich diese ausgesprochen scharfen Snacks „Atomic Buffalo Turds". Sie schmecken allerdings wesentlich besser als der Name vermuten lässt …

Zutaten:

20		Jalapeños
20		Minisalamis
250	g	Frischkäse
20	Scheiben	Bacon
1	EL	brauner Zucker
¼		Zwiebel, fein gehackt

zusätzlich
einige Zahnstocher

Zubereitung:

1. Die Stiele der Jalapeños großzügig abschneiden. Danach halbieren, von allen Kernen und Scheidewänden befreien und paarweise zusammenhalten.
2. Zucker, Zwiebel und Frischkäse gründlich miteinander verrühren, in einen Gefrierbeutel füllen und eine Ecke des Beutels abschneiden.
3. Mit diesem Spritzbeutel die Masse in die Jalapenohälften füllen, je eine Minisalami in eine Schote hineindrücken und zusammenklappen. Darauf achten, dass die Hälften zusammenpassen.
4. Jede Jalapeno mit je einer Scheibe Bacon umwickeln und mit Zahnstochern fixieren.
5. Zwei Stunden smoken und heiß servieren.

Steaks

Simpel, schnell, pur und einfach gut. Ein qualitativ hochwertiges Steak ist ehrliches Fleisch und Sie benötigen für seine Zubereitung im Prinzip nur Pfeffer, Salz – und Hitze. Hier kommt noch ein wenig Fenchelsaat dazu. Als Hitzequelle kann hier die Sidefirebox mit Holzfeuer oder Kohleglut dienen.

Zutaten:

Rub

1	EL	schwarze Pfefferkörner
½	EL	Fenchelsaat

Fleisch

2	Ribeye-, T-Bone- oder Rumpsteaks, 3–4 cm dick

zusätzlich
Olivenöl
Fleur de Sel

Zubereitung:

1. Pfefferkörner und Fenchelsaat in einer Pfanne ohne Fett solange rösten, bis sie duften. Danach im Mörser gründlich zerstoßen.
2. Die Steaks leicht einölen und rundherum mit dem Rub einreiben. Beiseite stellen, damit sie Raumtemperatur bekommen.
3. Bei direkter Hitze auf jeder Seite drei Minuten grillen.
4. In den Smoker legen und langsam auf eine Kerntemperatur von 57 °C bringen. Diesen Vorgang mit einem Kernthermometer kontrollieren.
5. Aus dem Smoker nehmen, in Alufolie packen und fünf Minuten darin ruhen lassen.
6. In Tranchen schneiden, mit Fleur de Sel bestreuen und servieren.

Burger

Die Gluthitze in der Sidefirebox ist ideal, um ein paar Burger für zwischendurch zu grillen. Dieses Rezept wird ganz klassisch mit Bacon und Käse zubereitet.

Zutaten:	Gewürzmischung		
	1	Tasse	Zwiebeln, fein gehackt
	1	TL	Knoblauch, fein gehackt
	1	TL	Thymian
	1	TL	Worcester-Sauce
	½	TL	Salz
	½	TL	schwarzer Pfeffer, gemahlen
	½	TL	Tabasco

	Fleisch		
	600	g	Rinderhackfleisch
	4	Scheiben	Bacon

	zusätzlich		
	4	Scheiben	Käse (z. B. Gouda oder Edamer)
	4		Burgerbrötchen
			Hamburger-Sauce
			Ketchup oder BBQ-Sauce nach Geschmack
	1–2		Tomaten
	½		Eisbergsalat

Zubereitung:

1. Den Bacon in einer Pfanne auslassen, auf einem Küchenpapier abtropfen lassen und fein hacken.
2. Die Zwiebel für circa fünf Minuten im Bacon-Fett weich dünsten. Knoblauch und Thymian zugeben und zwei Minuten weiter dünsten. Abkühlen lassen.
3. Mit dem Rinderhack gut vermischen und kneten, bis die Masse zu kleben beginnt. Anschließend vier Burger formen.
4. Von jeder Seite vier Minuten direkt grillen, dabei in der letzten Minute den Käse auf dem Burger mitgrillen.
5. Die Burger auf den Burgerbrötchen nach Belieben mit Salat, Tomate etc. anrichten und sofort servieren.

Smoked Raclette

Hier wird ein Schweizer Nationalgericht auf US-Art zubereitet. Statt Brot oder Kartoffeln können Sie zum Dippen natürlich auch Gemüse jeglicher Art verwenden. Wer es würziger mag, nimmt Gruyère oder Bergkäse.

Zutaten:	350	g	Raclettekäse am Stück
	1	EL	grober Dijonsenf
	1	EL	Sherry
			Salz und Pfeffer zum Abschmecken
			Pellkartoffeln oder
			Brot zum Dippen

Zubereitung:

1. Den Käse in einer kleinen Auflaufform verteilen und mit dem Senf bestreichen.
2. Die Form in den Smoker stellen und 1½ Stunden smoken.
3. Aus dem Smoker nehmen, den Sherry untermischen und mit Salz und Pfeffer abschmecken.
4. Heiß servieren und mit Brot dippen oder über die Kartoffeln geben.

Geräucherte Nüsse

Diese Nüsse schmecken als kleine Zwischenmahlzeit oder abgekühlt als Snack zum Fernsehabend. Luftdicht in einer Dose verpackt lassen sie sich 2–3 Wochen lagern.

Zutaten:	½	Tasse	brauner Zucker
	1	TL	Rosmarin, getrocknet
	1	TL	Thymian, getrocknet
	1	Prise	Cayennepfeffer
	1	Prise	Senfpulver
	1½	Tassen	gemischte gesalzene Nüsse
	3	EL	Olivenöl

Zubereitung:
1. In einem Gefrierbeutel alle Zutaten miteinander vermischen.
2. Einen entsprechend großen Bogen Alufolie oder eine Grillpfanne in den Smoker stellen und die Nüsse in einer Lage darin ausbreiten.
3. Eine Stunde smoken, dabei hin und wieder durchmischen.
4. Entweder sofort heiß oder abgekühlt später servieren.

Kansas City Buffalo Wings

Buffalo Wings sind Hähnchenflügel. Durch ihre geringe Größe sind sie in kurzer Zeit gar und Sie haben etwas Leckeres zum Knabbern zwischendurch. Der süße Rub harmoniert sehr gut mit einer scharfen BBQ-Sauce.

Zutaten:

Fingerlickin' Rub

	1	Tasse	brauner Zucker
	½	Tasse	Paprikapulver, edelsüß
	2½	EL	schwarzer Pfeffer, frisch gemahlen
	2½	EL	grobes Salz
	1½	EL	Chilipulver
	1½	EL	Zwiebelpulver
	1–2	TL	Cayennepfeffer

Fleisch

	1	Kilo	Chickenwings

Glace
Scharfe BBQ-Sauce

Zubereitung:
1. Am Vortag des BBQs alle Zutaten für den Rub vermischen und die Chickenwings rundherum damit einreiben. Über Nacht im Kühlschrank durchziehen lassen.
2. Am nächsten Tag die Wings in den Smoker legen und zwei Stunden smoken, dabei nach einer Stunde mit BBQ-Sauce nach Geschmack glacen.
3. Heiß mit etwas zusätzlicher Sauce servieren.

Muschelspieße

Die Wasserkastanien, die zusammen mit den Muscheln aufgespießt werden, gibt es in jedem Asia-Shop.

Zutaten:

Muschelmarinade

	¼	Tasse	Sake (Reiswein)
	2	TL	brauner Zucker
	2	TL	Erdnussöl

Spieße

	1	Dose	Wasserkastanien, abgetropft
	4		Frühlingszwiebeln, in 2 cm lange Stücke geschnitten
	500	g	Jakobsmuschelfleisch, ohne Corail

zusätzlich
Bambusspieße

Zubereitung:
1. Die Marinadenzutaten vermischen und die Muscheln 30 Minuten darin ziehen lassen.
2. Abwechselnd Kastanien, Frühlingszwiebeln und Muscheln auf Bambusspieße stecken und in den Smoker legen.
3. 15–20 Minuten smoken, die Muscheln sollten noch leicht glasig im Kern sein.

DESSERTS

Das Dessert ist der krönende Abschluss eines guten Essens. Und weil der Smoker sowieso noch auf Temperatur ist, lässt sich diese ideal nutzen, um den Nachtisch darin zuzubereiten.

Die amerikanischen Klassiker Cobbler und Crisp dürfen bei diesen Rezepten natürlich nicht fehlen. Sie gehören dort zur Dessertkultur wie Pulled Pork zum BBQ.

Hauptunterschied zum herkömmlichen Smokerbetrieb ist die für die meisten Desserts erforderliche höhere Pit-Temperatur von 160–200 °C. Bei den meisten Smokertypen wie Bullet- oder Offset-Smokern lässt sich diese durch Nachfeuern schnell steigern, und so wird das Backen im Pit zum Kinderspiel. Speziell bei Offset-Smokern spielt die Sidefirebox ebenfalls eine nützliche Rolle, denn man kann die hier ohnehin höhere Temperatur gut zum Backen nutzen und muss nicht den ganzen Smoker hochheizen. Die Kohlen in der Sidefirebox werden dann an einer Seite zusammengeschoben und das Dessert findet auf der anderen „kühleren" Seite seinen Platz.

Smoked-Baked Bananas

Zuerst bekommen die süßen Bananen etwas würzigen Rauch und werden dann solange gebacken, bis sie weich und cremig sind.

Zutaten:

4		Bananen
4	Zweige	Rosmarin
4	TL	Honig oder Ahornsirup
4	EL	Walnüsse, gehackt

Zubereitung:

1. Die ungeschälten Bananen der Länge nach halbieren und in den 110 °C heißen Smoker legen. 20 Minuten smoken, dabei die Rosmarinzweige in die Glut geben.
2. Danach die Glut in der Sidefirebox an eine Seite schieben, damit Platz ist, um darin backen zu können, oder den Smoker auf 200 °C heizen.
3. Die Bananen aus den Schalen nehmen und in eine hitzebeständige und entsprechend große Schale legen.
4. Honig oder Sirup und Nüsse auf den Bananenhälften verteilen und 20 Minuten im Smoker backen, bis die Bananen weich und goldgelb sind.

Pfirsich-Cobbler

Ein Cobbler ist ein Kuchen, meist mit Früchten, den es in zwei Varianten gibt. Bei dieser Version werden die Früchte in einen dünnen Teig gelegt, in dem sie versinken. Der Teig geht beim Backen hoch und schließt die Früchte ein.

Zutaten:
Teig

2	Tassen	Mehl
1	TL	Backpulver
1	TL	Salz
3		Eier
250	g	Butter
½	Tasse	Crème frâiche
3–4	Tropfen	Vanillearoma
½	TL	Zimt

Belag

2		Pfirsiche, geschält und in Spalten geschnitten
1	Prise	Muskat
		Puderzucker

Zubereitung:

1. Die Glut in der Sidefirebox an eine Seite schieben, damit Platz ist, um darin backen zu können, oder den Smoker auf 180 °C heizen.
2. Eine Auflaufform einfetten und mit Mehl ausstreuen.
3. Die Zutaten für den Teig gründlich miteinander vermischen, glatt rühren und in die Form geben.
4. Anschließend die Pfirsichspalten darauf verteilen und mit Muskat bestreuen.
5. 35–40 Minuten backen und vor dem Servieren mit Puderzucker bestreuen.

Obst-Cobbler

Bei der zweiten Cobbler-Variante kommen zuerst die Früchte in die Form und werden dann mit dem Teig bedeckt. An Obst können Sie hier alles verwenden, was saisonabhängig gerade verfügbar ist.

Zutaten:
Teig

1	Tasse	Mehl
½	Tasse	Zucker
1	TL	Salz
2	TL	Backpulver
1½	Tassen	Buttermilch
150	g	Butter, geschmolzen

Belag

3	Tassen	Früchte der Saison

Füllung

½	Tasse	Wasser
4	EL	brauner Zucker
1	EL	Stärke
1	EL	Zitronensaft

Zubereitung:

1. Die Glut in der Sidefirebox an eine Seite schieben, damit Platz ist, um darin backen zu können, oder den Smoker auf 180 °C heizen.
2. Das Obst in mundgerechte Stücke schneiden und in einer gefetteten Auflaufform verteilen.
3. Die Zutaten für die Füllung vermischen, aufkochen und über die Früchte gießen.
4. Für den Teig erst die trockenen Zutaten vermischen, dann Butter und Buttermilch einrühren und den Teig auf den Früchten glatt verteilen.
5. 50 Minuten backen und noch warm servieren.

Pecan Pie

Pecan Pie gehört auch zu den traditionellen Rezepten. Sollten Sie keine Pekannüsse bekommen, sind Walnüsse eine gute Alternative.

Zutaten:			
1	Tasse	brauner Zucker
½	Tasse	Zuckerrübensirup
4	EL	Butter
3	EL	Rum
4	Tropfen	Vanillearoma
½	TL	Salz
4		Eier
2	EL	Sahne
2	Tassen	Pekan- oder Walnüsse
1		Bisquit-Tortenboden

Zubereitung:
1. Die Glut in der Sidefirebox an eine Seite schieben, damit Platz ist, um darin backen zu können, oder den Smoker auf 180 °C heizen.
2. Zucker, Sirup, Butter, Rum, Vanillearoma und Salz unterrühren, eine Minute lang kochen und die Masse anschließend abkühlen lassen.
3. Die Eier mit der Sahne verschlagen und mit der abgekühlten Masse gut vermischen.
4. Die Nüsse unterheben und die Masse auf dem Tortenboden verteilen. Mit ein paar Nüssen garnieren.
5. 40–50 Minuten backen und warm servieren.

Apple Crisp

Das Wort Crisp bezieht sich auf das Topping, das an Streusel erinnert. Mit einer Kugel Vanilleeis ist dieses Dessert eine echte Verführung. Wie so mancher Apfel in der Geschichte ...

Zutaten:			
Topping			
1	Tasse	Haferflocken
2	EL	Mehl
½	Tasse	brauner Zucker
½	Tasse	Butter, geschmolzen
Füllung			
6		Äpfel, geschält, in dünne Spalten geschnitten
¼	Tasse	brauner Zucker
¼	Tasse	Orangensaft
2	TL	Stärke
1	TL	Zimt

Zubereitung:
1. Die Glut in der Sidefirebox an eine Seite schieben, damit Platz ist, um darin backen zu können, oder den Smoker auf 180 °C heizen.
2. Die Zutaten für das Topping miteinander vermischen.
3. Danach die Füllung für alle Zutaten vermengen und in eine Auflaufform geben.
4. Das Topping darüberstreuen und 45 Minuten backen und warm servieren.

Bratapfel in der halben Schale

Dieser Bratapfel bringt seinen eigenen Teller mit, denn es wird nur eine Hälfte geschält. Sie können ihn also aus der unteren Schalenhälfte löffeln. Der Apfel lässt sich am besten abschälen, indem man ihn vorher in der Mitte rundherum einritzt. Dazu hält man das Messer ganz vorne an der Schneide und dreht den Apfel auf dem Tisch entlang der Messerspitze.

Zutaten:

Füllung

¼	Tasse	Aprikosenkonfitüre
¼	Tasse	Rosinen
3	EL	Calvados
½	TL	Piment (gemahlen)
1	Messerspitze	Kardamom
4	TL	Butter
50	g	Marzipanrohmasse
6	EL	Mandeln, gehobelt

Äpfel

4		rote Äpfel (z. B. Braeburn)
1		Zitrone oder Limette

Topping

4	EL	Crème double 42 %
4	EL	Ahornsirup
1	EL	Calvados
2	EL	gehackte Pistazien
		Puderzucker und Zimt

Zubereitung:

1. Die Glut in der Sidefirebox an eine Seite schieben, damit Platz ist, um darin backen zu können, oder den Smoker auf 180 °C heizen.
2. Die Äpfel mit dem Stängel nach unten stellen und dann an der anderen Seite das Kerngehäuse mit einem Ausstecher entfernen. Nicht zu tief einstechen, es soll ein Boden bestehen bleiben.
3. Mit einem Messer die Schale des Apfels horizontal in der Mitte rundherum einritzen und die obere, dem Stängel gegenüberliegende Seite schälen. Sofort sämtliche Schnittflächen mit Zitronensaft bestreichen, damit sie nicht braun werden.
4. Die Mandeln komplett rösten und die Hälfte beiseite stellen.
5. Die andere Hälfte der Mandeln mit den übrigen Zutaten außer der Butter vermischen, bis sich das Marzipan fast gelöst hat. Die Masse in die Äpfel füllen und je einen Teelöffel Butter auf die Öffnung geben.
6. Die Äpfel einzeln in Alufolie packen, so dicht wie möglich verschließen und 30 Minuten garen. Vorsichtig aus der Folie nehmen und auf einen Teller geben und mit dem Saft aus der Folie übergießen.
7. Crème double, Ahornsirup und Calvados vermischen, abschmecken und je einen Esslöffel auf die Äpfel geben.
8. Mit den restlichen Mandeln bestreuen und mit Puderzucker, Zimt und Pistazien garnieren.

Rhabarber Crunch

Rhabarber ist mit seiner süß-sauren Note immer eine tolle Zutat fürs Dessert, mit der Sie Ihre Gäste genauso überraschen als auch verwöhnen können.

Zutaten:

1	Tasse	Mehl
1	Tasse	Haferflocken
1	Tasse	brauner Zucker
½	Tasse	Butter, geschmolzen
1	TL	Anis, gemahlen
1	TL	Zimt
3½	Tassen	Rhabarberstücke, ca. 2 cm lang
1	EL	Stärke
4	Tropfen	Vanillearoma
½	Tasse	Wasser

Zubereitung:

1. Die Glut in der Sidefirebox an eine Seite schieben, damit Platz ist, um darin backen zu können, oder den Smoker auf 180 °C heizen.
2. Mehl, Haferflocken, Butter, Zimt, Anis und die Hälfte des Zuckers vermischen und die Hälfte der Mischung am Boden einer Auflaufform fest andrücken.
3. Gleichmäßig mit den Rhabarberstücken belegen.
4. In einem Topf die andere Hälfte des Zuckers mit der Stärke und dem Wasser vermischen und unter ständigem Rühren 3–5 Minuten köcheln, bis die Flüssigkeit klar ist. Dann das Vanillearoma einrühren.
5. Die Sauce über dem Rhabarber verteilen und mit der zweiten Hälfte der Haferflockenmischung bestreuen.
6. Circa eine Stunde backen, bis die Oberfläche knusprig, also „crunchig" ist und warm servieren.

Cinnamon Rolls

Da diese Zimtschnecken aus einem Hefeteig zubereitet werden, sollten Sie unbedingt darauf achten, dass der Teig eine ausreichend lange Zeit gehen kann.

Zutaten:

Teig

50	g	Butter, flüssig
1¼	Tassen	lauwarme Milch
1		Ei
1	EL	Zucker
½	TL	Salz
1	Päckchen	Vanillepuddingpulver
500	g	Mehl
1	Päckchen	Trockenhefe

Füllung

75	g	weiche Butter
½	Tasse	brauner Zucker
2	TL	Zimt
½	Tasse	Pekannüsse, gehackt

zusätzlich

½	Tasse	Haselnusskrokant
		Vanillesoße

Zubereitung:

1. Die Zutaten für den Teig vermischen und solange kneten bis, ein elastischer Hefeteig entsteht. Die Teigschüssel mit einem feuchten Küchenhandtuch abdecken und den Teig eine Stunde gehen lassen.
2. Den Teig in einem großen Rechteck ausrollen, mit der Butter bestreichen, die restlichen Zutaten der Füllung daraufstreuen und von der breiten Seite her aufrollen.
3. Die Rolle in circa 2½ cm dicke Scheiben (Schnecken) schneiden und in eine entsprechend große, gefettete Auflaufform setzen. Dabei zwischen den Schnecken 1–2 cm Abstand lassen.
4. Die Schnecken mit einem feuchten Küchenhandtuch abgedeckt eine Stunde gehen lassen, bis sie so aufgegangen sind, dass sie aneinander stoßen.
5. Inzwischen die Glut in der Sidefirebox an eine Seite schieben, damit Platz ist, um darin backen zu können, oder den Smoker auf 200 °C heizen.
6. Die Cinnamon Rolls etwa 15–20 Minuten backen und noch warm mit der Vanillesoße und dem Krokant servieren.

Emmas fabelhafte Nussecken

Als Dessert, Snack zwischendurch oder Reiseproviant, diese Nussecken sind einfach unschlagbar. Genau wie die Erfinderin dieses Rezeptes ...

Zutaten:

Teig

1¼	Tassen	Mehl
150	g	Butter
⅓	Tasse	Zucker
1		Ei

Belag

1	Tasse	Aprikosenmarmelade
1½	Tassen	Haselnüsse, grob gerieben
150	g	Butter
1¼	Tassen	Zucker
4	EL	Wasser

zusätzlich

1	Päckchen	Kuvertüre

Zubereitung:

1. Die Teigzutaten miteinander vermischen, gründlich durchkneten, bis ein glatter Teig entsteht und auf einem, eventuell auch auf zwei entsprechend großen Backblechen ausrollen und mit einer Gabel einstechen.
2. Die Aprikosenmarmelade auf dem Teig verstreichen.
3. Danach Butter, Zucker und Wasser zum Kochen bringen, die Nüsse dazugeben und kurz mitkochen. Etwas abkühlen lassen.
4. Die Masse gleichmäßig auf dem Teig verteilen und vorsichtig verstreichen. Die Marmelade soll dabei unter der Masse bleiben.
5. Inzwischen die Glut in der Sidefirebox an eine Seite schieben, damit Platz ist, um darin backen zu können, oder den Smoker auf 200 °C heizen.
6. 20–30 Minuten backen, bis die gewünschte Bräunung erreicht ist.
7. Die Nussecken sofort nach dem Backen in Dreiecke schneiden und abkühlen lassen. Danach die Kuvertüre im Wasserbad schmelzen und die Ecken in die Schokolade eintauchen.

Teil 3:
DER ANHANG

Glossar

Anzündkamin:
Hilfsmittel zum Grillen, der die Kohle in einem Behälter schnell und einfach zum Glühen bringt.

Babybackribs:
Auch Loinribs, Kotelettrippchen oder Leitern genannt. Die ersten 10 cm des hinteren Rippenbogens.

Barrel-Smoker:
Auch Offset-Smoker genannt.

Baste:
Eine andere Bezeichnung für eine Mopp-Sauce.

Brine:
Eine Lake, deren Säure das Fleisch zart macht. Es kann sich dabei um Milch- oder Fruchtsäure handeln, aber auch um Salzlake.

Brisket:
Engl. für Rinderbrust.

Bullet-Smoker:
Auch Wasser- oder Water-Smoker genannt.

Chunks:
Größere (circa 4 x 4 cm) Holzstücke zum Smoken.

Corail:
Der Rogensack der Jakobsmuschel.

Fleur de sel:
Auch „Blume" des Salzes genannt. Oberste Schicht an der Wasseroberfläche, grobes und geschmacksintensives Salz.

Glace, glacing:
Engl. für Glasur, glasieren.

Inject:
Injektionsflüssigkeit, die mit einer dicken Spritzennadel injiziert wird.

Jerk:
Jamaikanische Bezeichnung für BBQ.

Kohlerost:
Rost, auf dem im Smoker Kohle oder Holz liegen, damit von unten Sauerstoff daran kommt.

Loinribs:
Ein anderer Begriff für Babybackribs.

Minion-Methode:
Nach Jim Minion benannte Methode des Kohleaufbaus bei langen BBQs.

Mopp:
Wischmoppartiger Pinsel,
der viel Sauce aufnehmen kann.

Mopp-Sauce:
Dünnflüssige Sauce, die das
Fleisch saftig hält und würzt.

Offset-Smoker:
Siehe Barrel-Smoker.

Paste:
Ein Rub mit frischen
oder flüssigen Zutaten.

Pit:
Englische Bezeichnung für
den Garraum im Smoker.

Pitmaster:
Englische Bezeichnung
für die Person, die am
Smoker, also am Pit
(Garraum) steht.

PP:
Abkürzung für Pulled Pork.

Pulled Pork:
Zerfasertes, „gerupftes"
Schweinefleisch.

Reduzieren:
Fachbegriff für das Einkochen.

Rub:
Eine trockene Gewürzmischung.

SFB:
Abkürzung für Sidefirebox.

Sidefirebox:
Die Brennkammer im Smoker.

Slab:
Rippenstrang.

St. Louis-Cut:
Schälrippen, besondere Art
des Rippenzuschnittes,
unterhalb der Babybackribs
gelegen.

Stack:
Ein Modulring bei
Wasser-Smokern.

Stew:
Engl. für Eintopf.

Wasser-Smoker:
Water- oder Bullet-Smoker.

Woodchips:
Holzchips zum Smoken.

Hinweise zu den Rezepten

Umrechnungen

Fast alle Smokerrezepte aus diesem Buch haben ihren Ursprung in den USA. Dort wird allerdings nicht mit unserem metrischen System, sondern in Cups (Tassen), Tablespoons (Esslöffel) und Teaspoons (Teelöffel) etc. gemessen. Hier finden Sie die genauen Umrechnungswerte:

Als Flüssigvolumen gilt in der Küche:

1 Cup	=	16 Tablespoons	=	236,6	ml
1 Tablespoon	=	3 Teaspoons	=	14,79	ml
1 Teaspoon	=			4,929	ml

Im Handel finden Sie sehr praktische Messgefäße, mit denen Sie exakt die richtigen Mengen abmessen können. Möchten Sie sich lieber mit normalem Besteck behelfen, verwenden Sie einfach gehäufte Ess- und Teelöffel.

Wenn Sie erst einmal mit den US-Einheiten gearbeitet haben, werden Sie feststellen, dass es zum Teil viel einfacher ist als Angaben mit Gramm und Milliliter. Möchten Sie dennoch lieber in Gramm etc. abwiegen, hilft Ihnen die folgende Tabelle:

Mehl und Puderzucker

$\frac{1}{8}$	cup	=	15	Gramm
$\frac{1}{4}$	cup	=	30	Gramm
$\frac{1}{3}$	cup	=	40	Gramm
$\frac{3}{8}$	cup	=	45	Gramm
$\frac{1}{2}$	cup	=	60	Gramm
$\frac{2}{3}$	cup	=	75	Gramm
$\frac{3}{4}$	cup	=	85	Gramm
1	cup	=	120	Gramm

Butter und Zucker

$\frac{1}{8}$	cup	=	30	Gramm
$\frac{1}{4}$	cup	=	55	Gramm
$\frac{1}{3}$	cup	=	75	Gramm
$\frac{3}{8}$	cup	=	85	Gramm
$\frac{1}{2}$	cup	=	115	Gramm
$\frac{2}{3}$	cup	=	150	Gramm
$\frac{3}{4}$	cup	=	170	Gramm
1	cup	=	225	Gramm

Einen Smoker für kleine Mengen anzufeuern, lohnt sich kaum. Deshalb werden meist größere Mengen an Fleisch, Fisch oder Geflügel darin zubereitet. Aus diesem Grund, und weil sich ein gelungener Smoker-Tag über viele Stunden hinzieht und Sie eigentlich ständig essen, haben wir bei den Rezepten auf eine exakte Personenzahl verzichtet.

Wenn Sie mit der Faustformel 200 g Fleisch für einen „normalen" Esser plus Beilagen rechnen, können Sie die Mengenangaben leicht nach Ihren persönlichen Vorlieben hoch- oder runterrechnen.

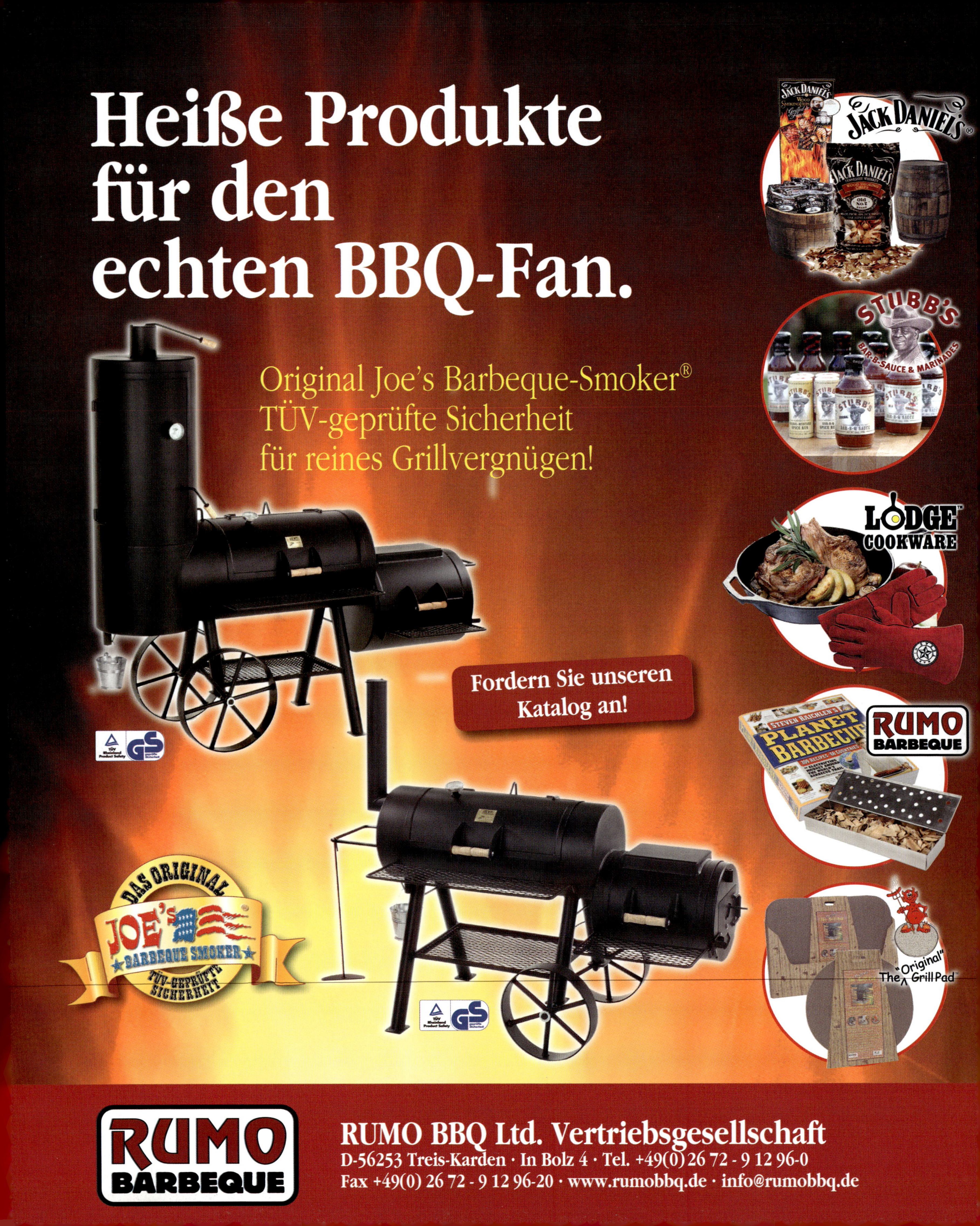
Heiße Produkte
für den
echten BBQ-Fan.
Original Joe's Barbeque-Smoker®
TÜV-geprüfte Sicherheit
für reines Grillvergnügen!
Fordern Sie unseren
Katalog an!
DAS ORIGINAL
JOE'S
BARBEQUE SMOKER
TÜV-GEPRÜFTE SICHERHEIT
JACK DANIEL'S
STUBB'S
BAR-B-SAUCE & MARINADES
LODGE
COOKWARE
PLANET BARBECUE
RUMO
BARBEQUE
The "Original" Grill Pad
RUMO
BARBEQUE
RUMO BBQ Ltd. Vertriebsgesellschaft
D-56253 Treis-Karden · In Bolz 4 · Tel. +49(0) 26 72 - 9 12 96-0
Fax +49(0) 26 72 - 9 12 96-20 · www.rumobbq.de · info@rumobbq.de

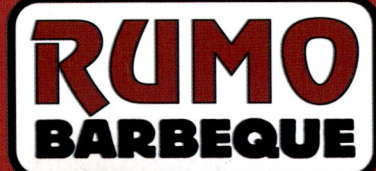

Hinweise zu den Rezepten

Wenn Sie die BBQ-Saucen nicht selbst herstellen möchten, hier unsere Einkaufs-Tipps:

Vor allem in den Vereinigten Staaten steht der Käufer vor meterlangen Regalen mit Hunderten verschiedener BBQ-Saucen, und die Wahl fällt nicht leicht. Alle Geschmacksrichtungen werden angeboten – da hilft nur das Durchprobieren.

In Deutschland ist das Angebot noch überschaubar und das Hauptkriterium für Ihren Einkauf sollte sein, BBQ-Saucen ohne künstliche Aromen und Rauchstoffe auszuwählen, die auch bei uns von einigen Herstellern angeboten werden.

Wir können die **Bone Suckin' Saucen** aus den Staaten empfehlen, die auch in Deutschland leicht erhältlich sind. Wenn Sie den etwas kräftigeren BBQ-Geschmack vorziehen, sollten Sie zu den **Dinosaur Saucen** greifen. Wer sich und seinen Gästen richtig einheizen möchte, kommt an den **HotMamas Saucen** nicht vorbei. Sie werden in Deutschland hergestellt und zeichnen sich durch überragende Qualität aus.

Die Saucenklassiker **HP** aus England sollen natürlich, neben den beliebten **Stubb's Saucen**, nicht unerwähnt bleiben.

Auch werden wir uns als Deutscher Grillsportverein dem Thema Saucen annehmen und ab 2011 eigene BBQ-Saucen auf den Markt bringen.

Rezepte von A–Z

Rezepte von A–Z

Stichwortverzeichnis

Stichwortverzeichnis

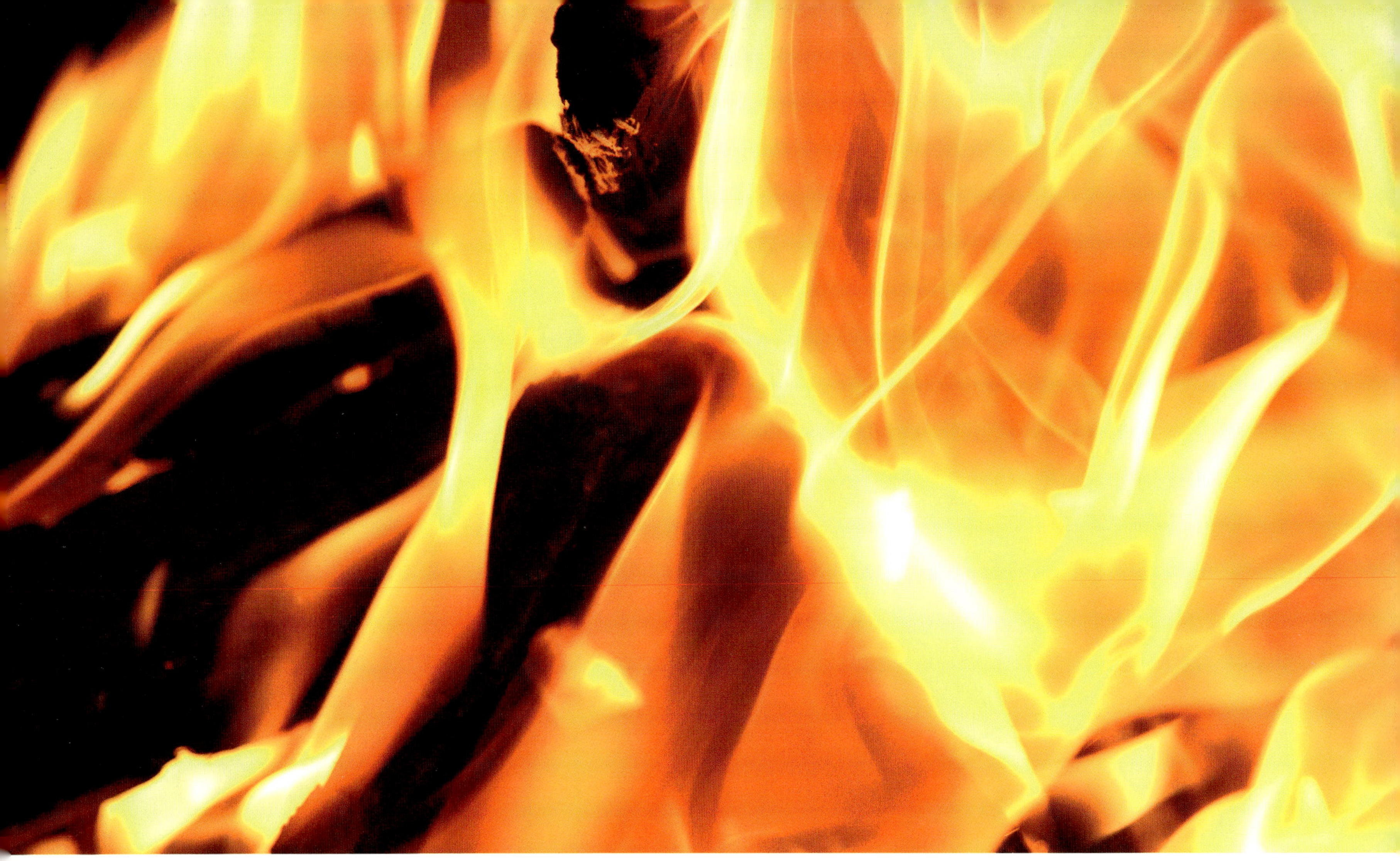

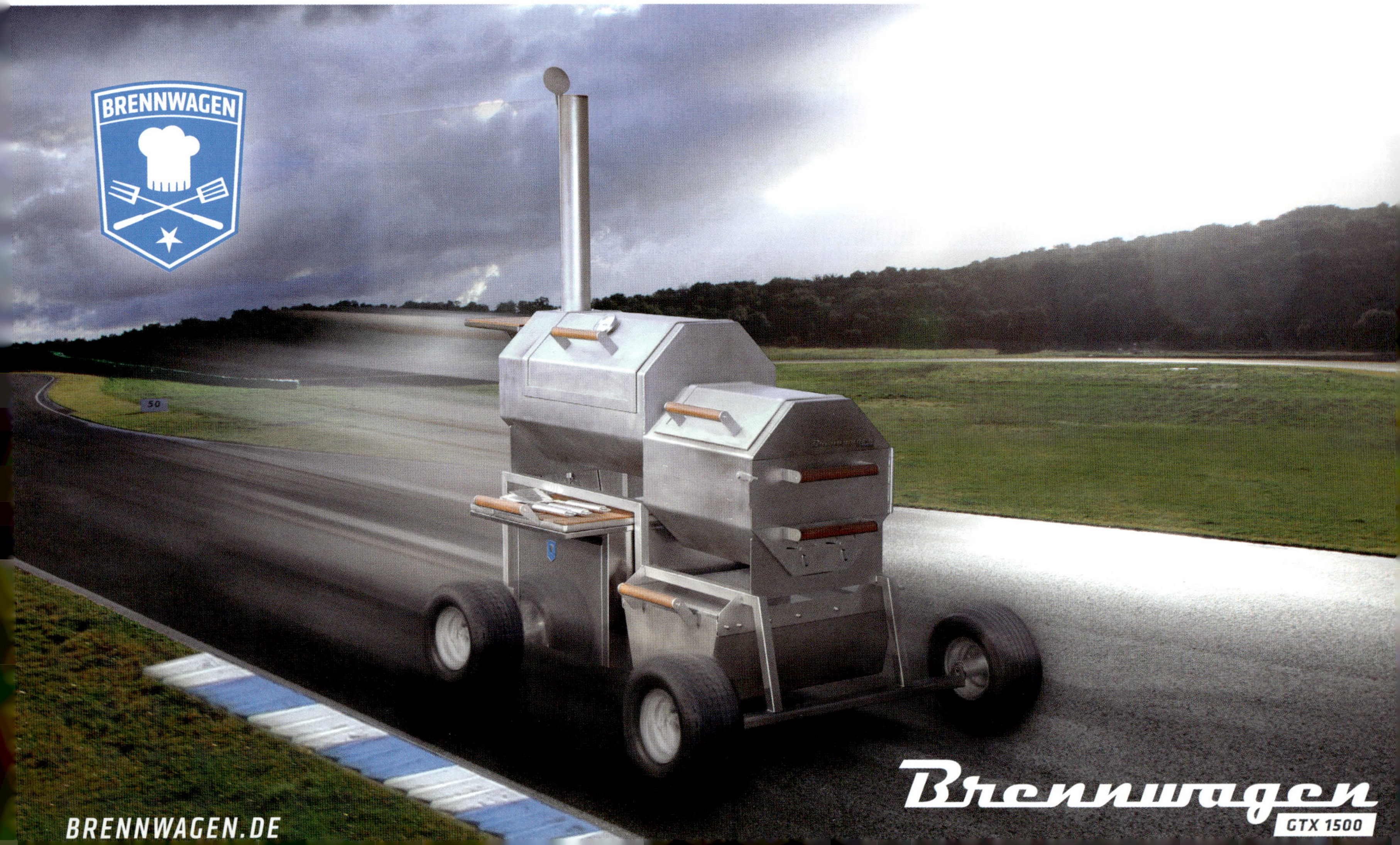
BRENNWAGEN
50
Brennwagen
GTX 1500
BRENNWAGEN.DE

Der Grillsportverein stellt sich vor

Vor über 13 Jahren begann im Internet die einmalige Geschichte des Grillsportvereins, den Sie unter *www.grillsportverein.de* finden.

Aus einer Laune heraus beschlossen Studienkollegen, die immer öfter „auflegten", im Internet eine Plattform zum Thema Grillen aufzubauen. Der Gedanke, sich über Entfernungen hinweg auszutauschen, funktionierte.

Über die Jahre hinweg sammelte und sichtete der Gründer Elmar Hör alles, was er zum Thema Grillen in die Finger bekam.

Und die Seite wächst und wächst ...

Der Grillsportverein heute ...

... ist die größte deutschsprachige Grillseite und Referenz zum Grillen im Internet, die über alles Denkbare rund um das Thema informiert:

- **Grill-Eigenbau:**
  Vom gemauerten Grill über das Bierfassgrill bis hin zum 500-Kilo-Smoker.

- **Grilltests:**
  Gas oder Kohle, welches Modell soll ich mir kaufen?

- **Grillrezepte:**
  Fast 5000 Grillrezepte in der Datenbank, 10.000 weitere mit Bildern im Forum.

- **Grillmethoden:**
  Direkt oder indirekt, grillen oder barbecuen?

- **Fleischqualität und Zuschnitte:**
  Wie sag ich es meinem Metzger?

- **Grill-Shop:**
  Qualitativ hochwertige Produkte rund ums Grillen und Barbecuen.

- **Grillgewürze und Zutaten:**
  Es muss nicht immer die Fertigmarinade aus dem Supermarkt sein!

- **FAQ-Sektion:**
  Hier finden Sie Antworten zu allen Fragen zum Thema Grillen, Smoken, Dutch Oven und vielen mehr.

- **Wissensdatenbank:**
  Alles, was woanders nicht erklärt wurde, ist hier verständlich illustriert.

Die Community des Grillsportvereins wächst ständig, und viele Tausend User tauschen sich täglich über alle Aspekte der Outdoor-Zubereitung von Nahrungsmitteln aus.

In über 650.000 Beiträgen sammelt sich die geballte Grillkompetenz des deutschsprachigen Internets.

Wir freuen uns über Ihren Besuch unter
www.grillsportverein.de

OTTO GOURMET

GUTES FLEISCH

LIEFERANT DER SPITZENGASTRONOMIE

Unser Sortiment für den Gourmet

Rind
Exklusives Wagyu-Kobe Style und American Beef. Zartes Kalbfleisch, Hereford und nordamerikanisches Bison.

Schwein
Freilaufendes, schwarzes Ibéricoschwein aus Eichenwäldern Zentral-Spaniens.

Lamm
Aromatisches Lammfleisch aus den besten Regionen Europas.

Wild
Zartes Rehfleisch ausgewählt und veredelt von den Besten ihrer Zunft.

Geflügel
Bestes französisches Geflügel aus der Bresse mit AOC Prädikat.

Seafood
Köstlichkeiten wie Garnelen, Hummer, Langusten oder Jakobsmuscheln.

Belieferung der Spitzengastronomie und des privaten Gourmets innerhalb von 24 Stunden.

OTTO GOURMET – Maßstab für exzellente Produkte   www.otto-gourmet.de

OTTO GOURMET • Industriestr. 33 • 52525 Heinsberg • Tel. 49-2452 – 97 62 60 • Fax 49-2452 – 97 62 612 • info@otto-gourmet.de

Danksagung

Für die Entstehung eines Buches bedarf es einer gehörigen Portion Mut, Zeit und vieler BBQ-Freunde.

Besonders bedanken möchten wir uns bei unseren Grillsportvereinfreunden für ihre konstruktiven Anregungen, dem gesamten GSV-Team und natürlich Elmar Hör, dem Gründer des GSV.

Wie immer war es uns ein besonders Vergnügen, mit dem Fotografen Ramon Wink und seinem Team an der Kamera zu arbeiten.

Breite Unterstützung erhielten wir natürlich auch von Seiten des HEEL Verlags mit seinem Team, das sich mit uns durch die Welt des BBQ smokte.

Geschmacklicher Dank an unseren Freund Stephan Otto von Otto Gourmet, der uns für dieses Buch mit ausgewählten Fleischstücken versorgte.

Die Materialschlacht ließ sich nur mit Hilfe der Grillgerätehersteller (Thosa Trade, Weber, Rumo, Louisiana, Napoleon, Bos Food) stemmen. Das Geschirr stellte uns ASA Selection freundlicherweise zur Verfügung.

Viele Nerven haben wir sicher unseren Angehörigen geraubt, und es waren nicht nur Emmas fantastische Nussecken, die uns bei der Erstellung dieses Buches über Wasser hielten. Auch gebührt unseren Frauen großer Dank für die schleichende Umgestaltung unserer Gärten, in denen die Grills und Smoker langsam aber sicher die Stauden und Büsche verdrängt haben.

Dankeschön und immer gut Glut!

VIVA ARGENTINA!

FRANCIS MALLMANN

GRILLEN ARGENTINISCH
Die sieben Feuer Patagoniens

ca. 288 Seiten, ca. 220 farbige Illustrationen, gebunden, 260 x 223 mm
EUR 29,95 / EUR(A) 30,80
ISBN 978-3-86852-680-6

Die argentinische Küche ist bekannt für ihre hervorragende Fleischqualität und ihre Grill-Kultur. Dass sich dahinter jedoch weit mehr verbirgt als saftige Steaks, zeigt Francis Mallmann in seiner Hommage an die unendlichen Weiten Patagoniens.

224 Seiten, zahlreiche Farbfotos,
183 x 225 mm, Paperback
ISBN 978-3-86852-537-3
EUR 9,99 / EUR (A) 10,30

248 Seiten, zahlreiche Farbfotos,
183 x 225 mm, Paperback
EUR 9,95 / EUR (A) 10,30
ISBN 978-3-86852-226-6
Auch als E-Book erhältlich!

128 Seiten, zahlreiche Farbfotos,
183 x 225 mm, Paperback
EUR 14,95 / EUR(A) 15,40
ISBN 978-3-86852-316-4

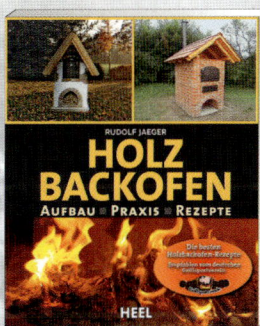

128 Seiten, zahlreiche Farbfotos,
183 x 225 mm, Paperback
EUR 14,99 / EUR(A) 15,40
ISBN 978-3-86852-536-6

128 Seiten, zahlreiche Farbfotos,
210 x 260 mm, Paperback
EUR 14,95 /EUR (A) 15,40
ISBN 978-3-86852-362-1

136 Seiten, zahlreiche Farbfotos,
210 x 260 mm, Paperback
EUR 14,95 /EUR (A) 15,40
ISBN 978-3-86852-182-5

128 Seiten, zahlreiche Farbfotos,
210 x 260 mm, Paperback
EUR 14,99 / EUR(A) 15,40
ISBN 978-3-86852-610-3

176 Seiten, ca. 150 farbige Abb.,
183 x 225 mm, Paperback
EUR 16,95 / EUR(A) 17,50
ISBN 978-3-86852-361-4

Unsere Bücher erhalten Sie in Ihrer Buchhandlung.

www.heel-verlag.de

BOS FOOD

DIE WAHRE KUNST DES GRILLENS - LIEGT IN DER AUSWAHL DER ZUTATEN UND DES EQUIPMENTS! *RALF BOS*